目 录

引言　全面依法治国与中华民族伟大复兴　/ 001

第一部分　习近平法治思想
——全面依法治国的指导思想与基本遵循

第一章　习近平法治思想的提出与重大意义　/ 009
　　第一节　习近平法治思想的提出　/ 009
　　第二节　习近平法治思想的重大意义　/ 011

第二章　习近平法治思想的主要内容　/ 015

第二部分　党的十八大以来法治建设的成就

第一章　维护宪法权威、加强宪法实施成就　/ 035
　　第一节　修改宪法　/ 036
　　第二节　加强宪法实施成就　/ 043

第二章　立法成就　/ 061
　　第一节　科学立法、民主立法成就　/ 061
　　第二节　地方立法的成就　/ 070
　　第三节　民法典的制定　/ 076

第三章　法治政府建设成就　/ 107
　　第一节　法治政府建设的总体情况　/ 107
　　第二节　行政执法"三项制度"建设成就　/ 122

第四章　司法体制改革成就　/ 127
　　第一节　党的十八大后司法体制改革的内容与成就　/ 127
　　第二节　司法体制改革中的典型案例　/ 138

第五章　法治社会建设成就　/ 151
　　第一节　社会治理现代化成就　/ 151
　　第二节　普法宣传教育成果　/ 168

第三部分　2035年全面依法治国远景目标与基本战略

第一章　2035年全面依法治国的目标及关键问题　/ 177
　　第一节　全面依法治国的2035年远景目标　/ 177
　　第二节　实现2035年远景目标的关键性问题　/ 182

第二章　全面依法治国的目标与任务　/ 193
　　第一节　加强宪法实施的目标与任务　/ 193
　　第二节　立法建设的目标与任务　/ 196

　　　　第三节　法治政府建设的目标与任务　/ 201

　　　　第四节　公正司法建设的目标与任务　/ 205

　　　　第五节　全民守法建设的目标与任务　/ 210

第三章　法治体系其他方面的建设任务　/ 217

　　　　第一节　法治监督体系建设的目标与任务　/ 217

　　　　第二节　法治保障体系建设的任务　/ 225

　　　　第三节　党内法规体系建设的任务　/ 229

　　　　第四节　国家安全法治体系建设的任务　/ 233

附录1　《法治中国建设规划（2020—2025年）》/ 239

附录2　《法治社会建设实施纲要（2020—2025年）》/ 265

引言

全面依法治国与中华民族伟大复兴

2014年，习近平总书记在党的十八届四中全会第二次全体会议上的讲话中指出，"历史是最好的老师。经验和教训使我们党深刻认识到，法治是治国理政不可或缺的重要手段。法治兴则国家兴，法治衰则国家乱。什么时候重视法治、法治昌明，什么时候就国泰民安；什么时候忽视法治、法治松弛，什么时候就国乱民怨。"他还强调，"综观世界近现代史，凡是顺利实现现代化的国家，没有一个不是较好解决了法治和人治问题的，相反，一些国家虽然也一度实现快速发展，但并没有顺利迈进现代化的门槛，而是陷入这样或那样的'陷阱'，……很大程度上与法治不彰有关"。

法治是人类文明进步的重要标志，是中国共产党治国理政的基本方式，也是中国共产党和中国人民的不懈追求。法治兴则国兴，法治强则国强。在新时代，中国共产党执政兴国离不开法治支撑；中国社会发展离不开法治护航；百姓福祉、人民权利更离不开法治保障。全面依法治国是坚持和发展中国特色社会主义的本质要求和重要保障，是实现国家治理体系和治理能力现代化的必然要求，事关我们党执政兴国，事关人民幸福安康，事关党和国家事业发展。

人类社会发展的历史已经充分证明，依法治理是最可靠、最稳定的治理，国家富强离不开法治保障。我国 70 多年来经济快速发展、社会长期稳定两大奇迹也充分证明，法治是推进国家治理体系和治理能力的重要依托，社会主义法治是"中国之治"最稳定最可靠的保障，我们必须坚持把依法治国作为党领导人民治理国家的基本方略、把法治作为治国理政的基本方式，不断把法治中国建设推向前进。在实现 2035 年远景目标的征途中，深入推进全面依法治国是推进国家治理现代化、实现中华民族伟大复兴的必然选择。

党的十八大以来，以习近平同志为核心的党中央从关系党和国家前途命运的战略全局出发，把全面依法治国纳入"四个全面"战略布局，作出一系列重大决策部署，开启了法治中国建设的新时代。十八大以来，在习近平法治思想的指引下，我国民主法治建设迈出重大步伐，党的领导、人民当家作主、依法治国有机统一的制度建设全面加强，党的领导体制机制不断完善；科学立法、严格执法、公正司法、全民守法深入推进，法治国家、法治政府、法治社会建设相互促进，中国特色社会主义法治体系日益完善，全社会法治观念明显增强；国家监察体制改革、行政体制改革、司法体制改革、权力运行制约和监督体系建设有效实施，全面依法治国取得了举世瞩目的新进展、新成就，谱写了法治中国建设的崭新篇章。

2017年10月18日，习近平总书记在十九大报告中指出，实现中华民族伟大复兴是近代以来中华民族最伟大的梦想。2018年12月，习近平总书记在庆祝改革开放40周年大会上说，建立中国共产党、成立中华人民共和国、推进改革开放和中国特色社会主义事业，是五四运动以来我国发生的三大历史性事件，是近代以来实现中华民族伟大复兴的三大里程碑。行百里者半九十。中华民族伟大复兴，绝不是轻轻松松、敲锣打鼓就能实现的。全党必须准备付出更为艰巨、更为艰苦的努力。"伟大梦想不是等得来、喊得来的，而是拼出来、干出来的。"推进国家治理体系和治理能力现代化是实现中华民族伟大复兴的保障及重要标志，而国家治理现代化应建立在法治基础之上。当今世界，法治是国家治理体系和治理能力现代化的重要依托和显著优势，是我国实现"两个一百年"奋斗目标和中华民族伟大复兴的重要保障。

法者，治之端也。正是站在实现中华民族伟大复兴这一伟大梦想的起点上，党的十九届五中全会和中央全面依法治国工作会议对"十四五"及2035年远景目标中涉及全面依法治国的任务作出新部署。党的十九届五中全会提出的2035年远景目标描绘了全面依法治国到2035年应完成的主要任务和基本图景，在顶层设计上规划了迈向中华民族伟大复兴的具体路径。在实现2035年远景目标过程中，法治应充分发挥其固根本、稳预期、利长远的保障作用，在法治轨道上不断推进国家治理体系和治理能力现代化，基本实现社会主义现代化，实现中华民族伟大复兴这一伟大梦想。

党的十九届五中全会通过的《中共中央关于制定国民经济和社会发展第十四个五年规划和二〇三五年远景目标的建议》指出，党的十九大对实现第二个百年奋斗目标作出分两个阶段推进的战略安排，即到 2035 年基本实现社会主义现代化，到本世纪中叶把我国建成富强民主文明和谐美丽的社会主义现代化强国。展望 2035 年，我国经济实力、科技实力、综合国力将大幅跃升，经济总量和城乡居民人均收入将再迈上新的大台阶，关键核心技术实现重大突破，进入创新型国家前列；基本实现新型工业化、信息化、城镇化、农业现代化，建成现代化经济体系；基本实现国家治理体系和治理能力现代化，人民平等参与、平等发展权利得到充分保障，基本建成法治国家、法治政府、法治社会；建成文化强国、教育强国、人才强国、体育强国、健康中国，国民素质和社会文明程度达到新高度，国家文化软实力显著增强；广泛形成绿色生产生活方式，碳排放达峰后稳中有降，生态环境根本好转，美丽中国建设目标基本实现；形成对外开放新格局，参与国际经济合作和竞争新优势明显增强；人均国内生产总值达到中等发达国家水平，中等收入群体显著扩大，基本公共服务实现均等化，城乡区域发展差距和居民生活水平差距显著缩小；平安中国建设达到更高水平，基本实现国防和军队现代化；人民生活更加美好，人的全面发展、全体人民共同富裕取得更为明显的实质性进展。

2035 年远景目标中，要求基本实现国家治理体系和治理能力现代化，人民平等参与、平等发展权利得到充分保障。这意味着到那时，我国公民权利保障达到新高度，以人民为中心的原则成为法治建设各环节的现实遵循，并成为国家治理现代化的基石。2035年远景目标确定基本建成法治国家、法治政府、法治社会，这意味着到那时，中国社会将成为建立在法治原则基础上的社会主义现代化社会，科学立法、严格执法、公正司法达到比较理想的水平，全民法治意识和法治素养有较大提升，尊法、学法、守法、用法蔚然成风，社会公平正义得到切实维护。

本书将在研究习近平法治思想主要内容和重大意义的基础上，对党的十八大以来全面依法治国的成就进行系统性总结，主要聚焦在加强宪法实施、推进立法以及法治政府和公正司法方面取得的历史性成就。在此基础上，根据2021年1月中共中央印发的《法治中国建设规划（2020—2025年）》，2020年12月中共中央印发的《法治社会建设实施纲要（2020—2025年）》两个文件确定的目标，对2021年至2035年远景法治中国建设的路线图和施工图进行全面分析，特别是聚焦于实现2035年目标法治建设的重点任务和关键，以此向读者展现2035年法治中国的基本图景。

第一部分

习近平法治思想

——全面依法治国的指导思想与基本遵循

第一章
习近平法治思想的提出与重大意义

第一节 习近平法治思想的提出

党的十八大以来，习近平总书记领导全党在全面依法治国领域开展了一系列工作实践、理论创新，习近平法治思想应运而生，这一思想最为集中地体现在党的十八大报告、十八届四中全会文件，党的十九大报告、十九届二中全会文件，中央全面依法治国委员会第一次会议上的讲话和这次中央全面依法治国工作会议上的讲话中。[①] 习近平法治思想是党的十八大以来全面依法治国经验的理论总结，更是新时代推进全面依法治国，实现2035年远景目标和中华民族伟大复兴的思想武器。

党的十八大以来，以习近平同志为核心的党中央从坚持和发展中国特色社会主义的全局和战略高度定位法治、布局法治、厉行法治，把全面依法治国纳入"四个全面"战略布局，创造性地提出了全面依法治国的一系列新理念新思想新战略，领导和推动

---

① 栗战书：《习近平法治思想是全面依法治国的根本遵循和行动指南》，《求是》2021年第2期。

我国社会主义法治建设发生历史性变革、取得历史性成就，并产生了重大的理论创新成果——习近平法治思想。习近平法治思想从统筹中华民族伟大复兴战略全局和世界百年未有之大变局、实现党和国家长治久安的战略高度，深入回答了我国社会主义法治建设一系列重大理论和实践问题，明确提出了当前和今后一个时期推进全面依法治国的总体要求，系统阐述了新时代推进全面依法治国的重要思想和战略部署。习近平法治思想以"十一个坚持"为基本内容，它高屋建瓴、逻辑严谨、内涵丰富、思想深刻，是新时代全面依法治国的根本指导思想。

党的十八大以来，以习近平同志为核心的党中央高度重视法治建设问题。党的十八届四中全会专门研究全面依法治国，出台《中共中央关于全面推进依法治国若干重大问题的决定》，对全面依法治国进行顶层设计和总体谋划。党的十九大提出到2035年基本建成法治国家、法治政府、法治社会，确立了新时代法治中国建设的路线图、时间表。党的十九届二中全会专题研究宪法修改，通过修改宪法确认党和人民创造的伟大成就和宝贵经验，以更好发挥宪法的规范、引领、推动、保障作用。党的十九届三中全会站在加强党对全面依法治国的集中统一领导的高度，成立中央全面依法治国委员会，统筹推进全面依法治国工作。党的十九届四中全会从推进国家治理体系和治理能力现代化的角度，对坚持和完善中国特色社会主义法治体系，提高党依法治国、依法执政能力作出部署。党的十九届五中全会审议通过的《中共中央关于制定国民经济和社会发展第十四个五年规划和二〇三五年远景目标的建议》，再次就全面依法治国作出部署，对立足新发展阶段、贯彻新发展理念、构建新发展格局立法工作提出新的要求。党的十九大以来，中共中央先后召开3次中央全面依法治国委员会会议。在第一次会议上，习近平总书记提出"十个坚持"，系统阐述了全面依法治国的若干重大理论和实践问题，形成了习近平法治思想的主体内容。

2020年11月16日至17日，中央全面依法治国工作会议在北京召开。中央全面依法治国工作会议之所以十分重要，首先在于明确了习近平法治思想在全面依法治国工作中的指导地位。

习近平法治思想既是对新时代全面依法治国成功经验的理论总结，也是指导今后法治中国建设的基本遵循。从理论品格上看，中央全面依法治国工作会议确立的习近平法治思想内涵丰富、论述深刻、逻辑严密、系统完备；就主要方面来看，习近平法治思想就是习近平总书记在会议重要讲话中精辟概括的"十一个坚持"。

第二节　习近平法治思想的重大意义

推进全面依法治国是国家治理的一场深刻变革，必须以科学理论为指导，加强理论思维。在推进全面依法治国过程中，需要不断从理论和实践的结合上取得新成果，总结好、运用好中国共产党关于新时代加强法治建设的思想理论成果，更好地推进全面依法治国。习近平法治思想来源于全面依法治国的实践，是顺应实现中华民族伟大复兴时代要求而形成的重大理论创新成果，为未来的法治中国建设指明了前进方向，在新时代中国特色社会主义法治建设进程中具有重大政治意义、理论意义、实践意义。

首先，习近平法治思想是马克思主义法治理论中国化的最新成果。党的十八大以来，以习近平同志为核心的党中央将马克思主义法治理论与中国法治实践相结合，深入回答了我国社会主义法治建设的一系列重大理论和实践问题，在理论上提出了许多有重大突破、重大创新、重大发展的论断，在中国共产党传统法治理论基础上开拓创新，形成了习近平法治思想。习近平法治思想为马克思主义法治理论作出重大原创性贡献，开辟了中国特色社会主义法治理论和实践新境界，是马克思主义法治理论中国化的最新成果。习近平法治思想深化了我们党对共产党执政规律、社会主义建设规律和人类社会发展规律的认识。习近平法治思想在坚持马克思主义立场观点方法的基础上，植根于中华优秀传统法律文化，体现了继承性、创新性的有机统一。习近平法治思想是21世纪马克思主义法治理论，是习近平新时代中国特色社会主义思想的重要组成部分。[①] 以公平正义论为例，马克思的公平正义观具有客观性、历史性和阶级性的特征，它立足于生产方式这一历史唯物主义基点，强调以生产方式为基准审视社会制度的正当性，指出公平正义"是一种历史的产物，这一观念的形成，需

---

① 郭声琨：《深入学习宣传贯彻习近平法治思想 奋力开创全面依法治国新局面》，《人民日报》2020年12月21日，第6版。

要一定的历史条件,而这种历史条件本身又以长期的以往的历史为前提"。①在马克思关于公平正义思想的基础上,习近平法治思想更加强调以法律制度维护社会公平正义,并提出了法治的生命线理论。例如,党的十八届四中全会《中共中央关于全面推进依法治国若干重大问题的决定》和习近平总书记《关于〈中共中央关于全面推进依法治国若干重大问题的决定〉的说明》都强调指出,"公正是法治的生命线"。②

其次,习近平法治思想是对新时代法治建设实践经验的理论总结。党的十八大以来,在继承和发扬优良传统的基础上,中国共产党结合新的时代条件和实践要求,强化党对全面依法治国的集中统一领导,并将全面依法治国纳入"四个全面"战略布局,将法治建设贯穿"五位一体"总体布局,推动社会主义法治国家建设取得历史性成就。习近平法治思想就是对新时代法治建设经验的理论总结,立足于党的十八大以来的法治国家建设实践,以新的认识赋予我国社会主义法治建设实践新的理论内涵,是中国特色社会主义法治体系的指导思想,也是社会主义法治国家建设实践的理论结晶。

再次,习近平法治思想是新时代推进全面依法治国的根本指导思想。长期以来,我国创造出经济快速发展、社会长期稳定两大奇迹,中国共产党高度重视法治建设是基本经验之一。在实现

---

① 《马克思恩格斯选集》第 3 卷,人民出版社 1995 年版,第 448 页。
② 习近平:《关于〈中共中央关于全面推进依法治国若干重大问题的决定〉的说明》,《求是》2014 年第 21 期,第 22 页。

2035年远景目标及中华民族伟大复兴任务的过程中，习近平法治思想继续推进法治国家、法治政府、法治社会建设的根本指导思想。习近平法治思想既是完整的理论体系，也是指导实践的工作总部署。为了全面建设社会主义现代化国家、实现中华民族伟大复兴的中国梦，推进新时代全面依法治国需要深入贯彻习近平法治思想，在法治轨道上继续推进国家治理体系和治理能力现代化，确保法治在治国理政中发挥全局性、战略性、基础性作用。

最后，习近平法治思想是当代中国法系的显著标志，具有世界影响力。党的十八大以来，我国逐渐形成了既体现法治建设的普遍规律，又具有鲜明中国特色的法律理论和制度体系，形成了当代中国法系，而习近平法治思想就是当代中国法系的显著标志。"在当代中国，法律是在党的领导下，保证人民的根本利益，保证人民当家作主的权利，保证人民民主专政国体和人民代表大会制度政体，这就形成了与资本主义法系性质完全不同的当代中国法系，是中国特色社会主义道路、理论、制度、文化在法治上的集中体现。"[1]作为对当代中国法治实践的理论总结和指导思想，习近平法治思想就成为法治领域"中国话语"的代表，为应对治理领域的全球性挑战、推进世界法治文明进步贡献了中国方案、中国智慧，具有世界影响力。[2]

---

[1] 栗战书：《习近平法治思想是全面依法治国的根本遵循和行动指南》，《求是》2021年第2期。
[2] 陈一新：《习近平法治思想是马克思主义中国化最新成果》，《人民日报》2020年12月30日，第10版。

第二章

习近平法治思想的主要内容

习近平法治思想体系完整、逻辑严谨、内容丰富。总体上,"十一个坚持"是习近平法治思想的主要内容和基本逻辑框架。习近平法治思想既是理论创新成果,又是对法治建设的工作总部署;"十一个坚持"既是今后推进全面依法治国必须坚持的基本遵循,也是实现2035年远景目标需要继续完善、发展的重点领域。2035年全面依法治国大战略,其基础就是习近平法治思想的"十一个坚持"。

第一,坚持党对全面依法治国的领导。2014年1月7日,习近平总书记在中央政法工作会议上的讲话中指出,"我们强调坚持党的领导、人民当家作主、依法治国有机统一,最根本的是坚持党的领导。……坚持党的领导,就是要支持人民当家作主,实施好依法治国这个党领导人民治理国家的基本方略。……党的领导和社会主义法治是一致的,只有坚持党的领导,人民当家作主才能充分实现,国家和社会生活制度化、法治化才能有序推进。……不能把坚持党的领导同人民当家作主、依法治国对立起来,更不能用人民当家作主、依法治国来动摇和否定党的领导。

那样做在思想上是错误的，在政治上是十分危险的"。

2015年2月2日，习近平总书记在省部级主要领导干部学习贯彻党的十八届四中全会精神全面推进依法治国专题研讨班上的讲话中指出，党和法的关系是一个根本问题，处理得好，则法治兴、党兴、国家兴；处理得不好，则法治衰、党衰、国家衰。党的十八届四中全会明确强调：党的领导是中国特色社会主义最本质的特征，是社会主义法治最根本的保证。把党的领导贯彻到依法治国全过程和各方面，是我国社会主义法治建设的一条基本经验。这一论断抓住了党和法关系的要害。我们说不存在"党大还是法大"的问题，是把党作为一个执政整体而言的，是就党的执政地位和领导地位而言的，具体到每个党政组织、每个领导干部，就必须服从和遵守宪法法律，就不能以党自居，就不能把党的领导作为个人以言代法、以权压法、徇私枉法的挡箭牌。我们有些事情要提交党委把握，但这种把握不是私情插手，不是包庇性的插手，而是一种政治性、程序性、职责性的把握。这个界限一定要划分清楚。

2018年8月24日，习近平总书记在中央全面依法治国委员会第一次会议上的讲话中指出，全面依法治国决不是要削弱党的领导，而是要加强和改善党的领导，不断提高党领导依法治国的能力和水平，巩固党的执政地位。必须坚持实现党领导立法、保证执法、支持司法、带头守法，健全党领导全面依法治国的制度和工作机制，通过法定程序使党的主张成为国家意志、形成法律，通过法律保障党的政策有效实施，确保全面依法治国正确方向。

习近平法治思想强调党的领导是中国特色社会主义法治道路和法治体系最根本的特征，党的领导也是推进全面依法治国的根本保证。必须认识到，党的领导和全面依法治国、人民当家作主三者高度统一，国际国内环境越是复杂，改革开放和社会主义现代化建设任务越是繁重，越要运用法治思维和法治手段巩固执政地位、改善执政方式、提高执政能力，保证党和国家长治久安，这是党的领导和依法治国有机统一的具体体现。在新时代，推进全面依法治国必须加强和改善党的领导，健全党领导全面依法治国的制度和工作机制，推进党的领导制度化、法治化，通过法治保障党的路线方针政策有效实施。应当说，中国共产党的领导是"中国之治"的最大优势，也是法治中国建设最大的动力源。坚持党对全面依法治国的领导既是我国法治建设的显著优势，也是推进法治建设的首要任务。

第二，坚持以人民为中心。2015年3月24日，习近平总书记在中共中央政治局第二十一次集体学习时强调司法体制改革必须为了人民、依靠人民、造福人民。司法体制改革成效如何，说一千道一万，要由人民来评判，归根到底要看司法公信力是不是提高了。司法是维护社会公平正义的最后一道防线。公正是司法的灵魂和生命。深化司法体制改革，要广泛听取人民群众的意见，深入了解一线司法实际情况、了解人民群众到底在期待什么，把解决了多少问题、人民群众对问题解决的满意度作为评判改革成效的标准。2018年8月24日，习近平总书记在中央全面依法治国委员会第一次会议上的讲话中指出，法治建设要为了人民、依靠人民、造福人民、保护人民。必须牢牢把握社会公平正义这一法治价值追求，努力让人民群众在每一项法律制度、每一个执法决定、每一宗司法案件中都感受到公平正义。要把体现人民利益、反映人民愿望、维护人民权益、增进人民福祉落实到依法治国全过程，保证人民在党的领导下通过各种途径和形式管理国家事务，管理经济和文化事业，管理社会事务。

坚持以人民为中心是习近平法治思想的精髓，也是重要内容。在实现2035年远景目标的过程中，党领导人民推进全面依法治国，其根本目的就是更好地依法保障人民权益。全面依法治国最广泛、最深厚的基础是人民，必须在法治过程中坚持为了人民、依靠人民，要把体现人民利益、反映人民愿望、维护人民权益、增进人民福祉落实到全面依法治国各领域和全过程。在实现2035年远景目标的过程中，全面依法治国的立法、执法、司法等环节都必须始终坚持以人民为中心，积极回应人民群众新要求新期待，系统研究谋划和解决法治领域人民群众反映强烈的突出问题，不断增强人民群众获得感、幸福感、安全感，以法治保障人民安居乐业。

第三，坚持中国特色社会主义法治道路。2014年，习近平总书记在《关于〈中共中央关于全面推进依法治国若干重大问题的决定〉的说明》中强调，"全面推进依法治国，必须走对路。如果路走错了，南辕北辙了，那再提什么要求和举措也都没有意义了。全会决定有一条贯穿全篇的红线，这就是坚持和拓展中国特色社会主义法治道路。中国特色社会主义法治道路是一个管总的东西。具体讲我国法治建设的成就，大大小小可以列举出十几条、几十条，但归结起来就是开辟了中国特色社会主义法治道路这一条"。[①] 2018 年 8 月 24 日，习近平总书记在中央全面依法治国委员会第一次会议上的讲话中强调，全面推进依法治国必须走对路。要从中国国情和实际出发，走适合自己的法治道路，决不能照搬别国模式和做法，决不能走西方"宪政""三权鼎立""司法独立"的路子。

中国特色社会主义法治道路本质上是中国特色社会主义道路在法治领域的具体体现，中国特色社会主义道路的本质特征和基本原则决定了中国法治道路的基本方向。因此，就实现 2035 年法治建设的目标而言，最关键的是要坚持中国特色社会主义法治道路。这就要求既立足当前，运用法治思维和法治方式解决经济社会发展面临的深层次问题，又要着眼长远，筑法治之基、行法治之力、积法治之势，促进各方面制度更加成熟更加定型，为党和国家事业发展提供长期性的制度保障。

坚持中国特色社会主义法治道路也意味着，我们在全面依法治国过程中既要传承中华优秀传统法律文化，从我国革命、建设、改革的实践中探索适合自己的法治道路，同时也要借鉴国外法治有益成果，为全面建设社会主义现代化国家、实现中华民族伟大复兴夯实法治基础。兼容并包、大胆借鉴吸收历史上和国外的有益经验历来是我国法治建设的法宝，在实现 2035 年远景目标的

---

① 习近平：《加快建设社会主义法治国家》，《求是》2015 年第 1 期。

征程中，传承中华优秀传统文化和借鉴国外法治有益成果的经验必须继续坚持，只有以古为今用、洋为中用为基础，才能进一步完善具有显著优越性和强大生命力的中国法治模式。

第四，坚持依宪治国、依宪执政。习近平法治思想认为宪法是治国安邦的总章程、党和人民意志的集中体现。2018年2月24日，习近平总书记在十九届中共中央政治局第四次集体学习时的讲话中强调，"宪法具有最高的法律地位、法律权威、法律效力。我们党首先要带头尊崇和执行宪法，把领导人民制定和实施宪法法律同党坚持在宪法法律范围内活动统一起来。任何组织或者个人都不得有超越宪法法律的特权。一切违反宪法法律的行为，都必须予以追究"。因此，全国各族人民、一切国家机关和武装力量、各政党和各社会团体、各企业事业组织，都必须以宪法为根本的活动准则，都负有维护宪法尊严、保证宪法实施的职责。党领导人民制定宪法法律，领导人民实施宪法法律，党自身要在宪法法律范围内活动。同时，坚持依宪治国、依宪执政，也必须坚持宪法确定的中国共产党领导地位不动摇，坚持宪法确定的人民民主专政的国体和人民代表大会制度的政体不动摇。

习近平法治思想强调尊重和实施宪法是人民当家作主、党和国家事业顺利发展的保证。2012年12月4日，习近平总书记在首都各界纪念现行宪法公布施行30周年大会上强调，"依法治国，首先是依宪治国；依法执政，关键是依宪执政"。这充分体现了习近平总书记对宪法的高度重视。习近平总书记在这次讲话中还强调，"只要我们切实尊重和有效实施宪法，人民当家作主就有保证，党和国家事业就能顺利发展。反之，如果宪法受到漠视、削弱甚至破坏，人民权利和自由就无法保证，党和国家事业就会遭受挫折。这些从长期实践中得出的宝贵启示，必须倍加珍惜"。

习近平法治思想强调牢固树立宪法权威，不得有超越宪法法律的特权。2018年8月24日，习近平总书记在中央全面依法治国委员会第一次会议上的讲话中指出，依法治国首先要坚持依宪治国，依法执政首先要坚持依宪执政。党领导人民制定宪法法律，领导人民实施宪法法律，党自身必须在宪法法律范围内活动。任何公民、社会组织和国家机关都必须以宪法法律为行为准则，依照宪法法律行使权利或权力，履行义务或职责，都不得有超越宪法法律的特权，一切违反宪法法律的行为都必须予以追究。

习近平法治思想高度重视宪法实施工作，强调用科学有效、系统完备的制度体系保证宪法实施。2018年，习近平总书记在第五个国家宪法日到来之际作出的重要指示指出，要用科学有效、系统完备的制度体系保证宪法实施，加强宪法监督，维护宪法尊严，把实施宪法提高到新水平。2018年1月19日，习近平在党的十九届二中全会第二次全体会议上的讲话中指出，"党的十八大以来，我多次讲，全面贯彻实施宪法是全面依法治国、建设社会主义法治国家的首要任务和基础性工作"。2018年2月24日，习近平总书记在十九届中共中央政治局第四次集体学习时的讲话中指出，"要加快形成完备的法律规范体系、高效的法治实施体系、严密的法治监督体系、有力的法治保障体系，形成完善的党内法规体系，用科学有效、系统完备的制度体系保证宪法实施。

要完善宪法监督制度，积极稳妥推进合宪性审查工作，加强备案审查制度和能力建设"。

习近平法治思想强调宪法要体现党和人民事业的历史进步，要推动宪法完善和发展、适应经济基础的变化而变化。2018年2月24日，习近平在十九届中共中央政治局第四次集体学习时的讲话中指出，"我国宪法是治国理政的总章程，必须体现党和人民事业的历史进步，必须随着党领导人民建设中国特色社会主义实践的发展而不断完善发展"，"我们党高度重视发挥宪法在治国理政中的重要作用，坚定维护宪法尊严和权威，推动宪法完善和发展，这是我国宪法保持生机活力的根本原因所在。宪法作为上层建筑，一定要适应经济基础的变化而变化"。

习近平法治思想强调要加强宪法学习宣传教育、弘扬宪法精神。2018年，习近平总书记在第五个国家宪法日到来之际作出的重要指示强调，要在全党全社会深入开展尊崇宪法、学习宪法、遵守宪法、维护宪法、运用宪法的宣传教育活动，弘扬宪法精神，树立宪法权威，使全体人民都成为社会主义法治的忠实崇尚者、自觉遵守者、坚定捍卫者。2018年2月24日，习近平总书记在十九届中共中央政治局第四次集体学习时的讲话中指出，宪法法律的权威源自人民的内心拥护和真诚信仰，加强宪法学习宣传教育是实施宪法的重要基础。要坚持从青少年抓起，把宪法法律教育纳入国民教育体系，引导青少年从小掌握宪法法律知识、树立宪法法律意识、养成尊法守法习惯。

第五，坚持在法治轨道上推进国家治理体系和治理能力现代化。2020年2月5日，习近平总书记在中央全面依法治国委员会第三次会议上的讲话中指出，随着时代发展和改革推进，国家治理现代化对科学完备的法律规范体系的要求越来越迫切。我们要在坚持好、完善好已经建立起来并经过实践检验有效的根本制度、基本制度、重要制度的前提下，聚焦法律制度的空白点和冲突点，统筹谋划和整体推进立改废释各项工作，加快建立健全国家治理急需、满足人民日益增长的美好生活需要必备的法律制度。2020年11月，在中央全面依法治国工作会议上，习近平总书记强调指出，法治是国家治理体系和治理能力的重要依托。只有全面依法治国才能有效保障国家治理体系的系统性、规范性、协调性，才能最大限度凝聚社会共识。在统筹推进伟大斗争、伟大工程、伟大事业、伟大梦想的实践中，在全面建设社会主义现代化国家的新征程上，我们要更加重视法治、厉行法治，更好发挥法治固根本、稳预期、利长远的重要作用，坚持依法应对重大挑战、抵御重大风险、克服重大阻力、解决重大矛盾。

从实践角度分析，坚持全面依法治国是中国特色社会主义国家制度和国家治理体系的显著优势。中华人民共和国成立70多年来，创造了经济快速发展和社会长期稳定"两大奇迹"，在国际上形成了具有显著优势的"中国之治"，这同不断推动社会主义法治建设有着十分密切的关系。2020年，中国应对新冠肺炎疫情取得巨大成果，成为疫情发生以来第一个恢复增长的主要经济体和防控疫情的"中国样本"，其中一条重要的经验就是中国坚持在法治轨道上统筹推进疫情防控和经济社会发展，依法维护社会大局稳定。习近平法治思想中所强调的坚持在法治轨道上推进国家治理体系和治理能力现代化在实践中发挥了理论威力。实践充分证明，在法治轨道上推进国家治理体系和治理能力现代化是中国共产党治国理政的重要理论成果和实践经验。坚持中国特色社会主义法治道路必然要求在法治轨道上推进国家治理体系和治理能力现代化，更好地发挥法治对改革发展稳定的引领、规范、保障作用，提升法治促进国家治理体系和治理能力现代化的效能，逐步实现国家治理制度化、程序化、规范化、法治化。

第六，坚持建设中国特色社会主义法治体系。2014年10月，习近平总书记在《关于〈中共中央关于全面推进依法治国若干重大问题的决定〉的说明》中明确指出："全面推进依法治国涉及很多方面，在实际工作中必须有一个总揽全局、牵引各方的总抓手，这个总抓手就是建设中国特色社会主义法治体系。依法治国各项工作都要围绕这个总抓手来谋划、来推进。"2020年11月，习近平总书记在中央全面依法治国工作会议上强调，中国特色社会主义法治体系是推进全面依法治国的总抓手。要加快形成完备的法律规范体系、高效的法治实施体系、严密的法治监督体系、有力的法治保障体系，形成完善的党内法规体系。要坚持依法治国和以德治国相结合，实现法治和德治相辅相成、相得益彰。要积极推进国家安全、科技创新、公共卫生、生物安全、生态文明、防范风险、涉外法治等重要领域立法，健全国家治理急需的法律制度、满足人民日益增长的美好生活需要必备的法律制度，以良法善治保障新业态新模式健康发展。

中国特色社会主义法治体系是中国特色社会主义制度的重要组成部分，本质上是中国特色社会主义制度的法律表现形式，坚持和完善中国特色社会主义法治体系是坚持和发展中国特色社会主义的内在要求，是推进国家治理体系和治理能力现代化的重大举措，是全面推进依法治国的总抓手。从理论上分析，中国特色社会主义法治体系贯通法治国家、法治政府、法治社会建设各个领域，涵盖立法、执法、司法、守法各个环节，涉及法律规范、法治实施、法治监督、法治保障各个方面，对推进全面依法治国具有纲举目张的重要意义。从内容上分析，坚持建设中国特色社会主义法治体系就是要加快形成五大体系：完备的法律规范体系、高效的法治实施体系、严密的法治监督体系、有力的法治保障体系和完善的党内法规体系。

第七，坚持依法治国、依法执政、依法行政共同推进，法治国家、法治政府、法治社会一体建设。2019年9月24日，习近平总书记在中共中央政治局第十七次集体学习时强调要坚持依法治国，坚持法治国家、法治政府、法治社会一体建设，为解放和增强社会活力、促进社会公平正义、维护社会和谐稳定、确保党和国家长治久安发挥了重要作用。2018年8月，习近平总书记在中央全面依法治国委员会第一次会议上指出，全面依法治国是一个系统工程，必须统筹兼顾、把握重点、整体谋划，更加注重系统性、整体性、协同性。依法治国、依法执政、依法行政是一个有机整体，关键在于党要坚持依法执政、各级政府要坚持依法行政。法治国家、法治政府、法治社会三者各有侧重、相辅相成，法治国家是法治建设的目标，法治政府是建设法治国家的主体，法治社会是构筑法治国家的基础。要善于运用制度和法律治理国家，提高党科学执政、民主执政、依法执政水平。2020年11月16日至17日，习近平总书记在中央全面依法治国工作会议上强调，全面依法治国是一个系统工程，要整体谋划，更加注重系统性、整体性、协同性。法治政府建设是重点任务和主体工程，要率先突破，用法治给行政权力定规矩、划界限，规范行政决策程序，加快转变政府职能。要推进严格规范公正文明执法，提高司法公信力。普法工作要在针对性和实效性上下功夫，特别是要加强青少年法治教育，不断提升全体公民法治意识和法治素养。

第八，坚持全面推进科学立法、严格执法、公正司法、全民守法。2017年10月18日，习近平总书记在中国共产党第十九次全国代表大会上的报告中要求推进科学立法、民主立法、依法立法，以良法促进发展、保障善治。建设法治政府，推进依法行政，严格规范公正文明执法。深化司法体制综合配套改革，全面落实司法责任制，努力让人民群众在每一个司法案件中感受到公平正义。2018年8月，习近平总书记在中央全面依法治国委员会第一次会议上强调，要解决好立法、执法、司法、守法等领域的突出矛盾和问题，必须坚定不移推进法治领域改革。要紧紧抓住全面依法治国的关键环节，完善立法体制，提高立法质量。要推进严格执法，理顺执法体制，完善行政执法程序，全面落实行政执法责任制。要支持司法机关依法独立行使职权，健全司法权力分工负责、相互配合、相互制约的制度安排。要加大全民普法力度，培育全社会办事依法、遇事找法、解决问题用法、化解矛盾靠法的法治环境。2020年11月，在中央全面依法治国工作会议上，习近平总书记指出要继续推进法治领域改革，解决好立法、执法、司法、守法等领域的突出矛盾和问题。公平正义是司法的灵魂和生命。要深化司法责任制综合配套改革，加强司法制约监督，健全社会公平正义法治保障制度，努力让人民群众在每一个司法案件中感受到公平正义。要加快构建规范高效的制约监督体系。要推动扫黑除恶常态化，坚决打击黑恶势力及其"保护伞"，让城乡更安宁、群众更安乐。

第九，坚持统筹推进国内法治和涉外法治。在新的条件下，统筹推进国内法治和涉外法治具有重要意义。2020年11月，习近平总书记在致信中国法治国际论坛（2020）中强调"共建'一带一路'需要良好法治营商环境。中国坚持开放包容、互利互赢，愿同各方一道，积极开展国际法治合作，为建设开放型经济、促进世界经济复苏提供法治支持"。2020年11月，习近平总书记在中央全面依法治国工作会议上强调，要加快涉外法治工作战略布局，协调推进国内治理和国际治理，更好维护国家主权、安全、发展利益。要强化法治思维，运用法治方式，有效应对挑战、防范风险，综合利用立法、执法、司法等手段开展斗争，坚决维护国家主权、尊严和核心利益。要推动全球治理变革，推动构建人类命运共同体。

当前，世界百年未有之大变局加速演进，和平与发展仍然是时代主题，但国际环境不稳定性、不确定性明显上升，我国不断发展壮大，日益走近世界舞台中央，统筹推进国内法治和涉外法治越来越重要。在新的历史条件下，国际竞争中法治、法律竞争日益重要，运用法治方式的能力已经成为国家竞争力的重要组成部分。我国法治建设的中长期目标必须统筹考虑国际国内形势、法治建设进程和人民群众法治需求等诸多复杂因素，与推进国家治理体系和治理能力现代化的要求相协同。

第十，坚持建设德才兼备的高素质法治工作队伍。2014年1月，习近平总书记在中央政法工作会议上的讲话中指出，坚定的理想信念是政法队伍的政治灵魂。必须把理想信念教育摆在政法队伍建设第一位，不断打牢高举旗帜、听党指挥、忠诚使命的思想基础，坚持党的事业至上、人民利益至上、宪法法律至上，永葆忠于党、忠于国家、忠于人民、忠于法律的政治本色。政法队伍要敢于担当，面对歪风邪气，必须敢于亮剑、坚决斗争，绝不能听之任之；面对急难险重任务，必须豁得出来、顶得上去，绝不能畏缩不前。要加强纪律教育，健全纪律执行机制，以铁的纪律带出一支铁的政法队伍。要提高干警本领，确保更好履行政法工作各项任务。要以最坚决的意志、最坚决的行动扫除政法领域的腐败现象，坚决清除害群之马。2018年8月，习近平总书记在中央全面依法治国委员会第一次会议上强调，全面推进依法治国必须着力建设一支忠于党、忠于国家、忠于人民、忠于法律的社会主义法治工作队伍。要加强理想信念教育，深入开展社会主义核心价值观和社会主义法治理念教育，推进法治专门队伍正规化、专业化、职业化，提高职业素养和专业水平。要坚持立德树人，德法兼修，创新法治人才培养机制，努力培养造就一大批高素质法治人才及后备力量。

2020年2月5日，习近平总书记在中央全面依法治国委员会第三次会议上的讲话中提出，要研究谋划新时代法治人才培养和法治队伍建设长远规划，创新法治人才培养机制，推动东中西部法治工作队伍均衡布局，提高法治工作队伍思想政治素质、业务工作能力、职业道德水准，着力建设一支忠于党、忠于国家、忠于人民、忠于法律的社会主义法治工作队伍，为加快建设社会主义法治国家提供有力人才保障。2020年11月，习近平总书记在中央全面依法治国工作会议上指出要加强理想信念教育，深入开展社会主义核心价值观和社会主义法治理念教育，推进法治专门队伍革命化、正规化、专业化、职业化，确保做到忠于党、忠于国家、忠于人民、忠于法律。要教育引导法律服务工作者坚持正确政治方向，依法依规诚信执业，认真履行社会责任。

第十一，坚持抓住领导干部这个"关键少数"。政治路线确定之后，干部就是决定的因素。在推进全面依法治国进程中，各级领导干部肩负重要责任，发挥着以上率下的示范效应和榜样力量。2015年2月2日，习近平总书记在省部级主要领导干部学习贯彻党的十八届四中全会精神全面推进依法治国专题研讨班开班式上发表重要讲话，强调领导干部要做尊法的模范，带头尊崇法治、敬畏法律；做学法的模范，带头了解法律、掌握法律；做守法的模范，带头遵纪守法、捍卫法治；做用法的模范，带头厉行法治、依法办事。正是在这次重要会议上，习近平总书记特别提出了"关键少数"这一概念。2018年8月，习近平总书记在中央全面依法治国委员会第一次会议上指出，领导干部具体行使党的执政权和国家立法权、行政权、监察权、司法权，是全面依法治国的关键。领导干部必须带头尊崇法治、敬畏法律，了解法律、掌握法律，遵纪守法、捍卫法治，厉行法治、依法办事，不断提高运用法治思维和法治方式深化改革、推动发展、化解矛盾、维护稳定的能力，做尊法学法守法用法的模范，以实际行动带动全社会尊法学法守法用法。2020年11月16日至17日，习近平总书记在中央全面依法治国工作会议上强调各级领导干部要坚决贯彻落实党中央关于全面依法治国的重大决策部署，带头尊崇法治、敬畏法律，了解法律、掌握法律，不断提高运用法治思维和法治方式深化改革、推动发展、化解矛盾、维护稳定、应对风险的能力，做尊法学法守法用法的模范。

领导干部做尊法学法守法用法的模范是实现全面依法治国目标和任务的关键所在。作为全面依法治国实践的领导者和组织者，"关键少数"发挥着关键性、示范性、引领性作用，其一言一行都会形成一种风气、提倡一种追求、引导一种方向。领导干部树立法治理念与法治精神就能引领和带动全社会形成良好的法治意识和法治风气；领导干部缺乏法治理念与法治精神就会形成错误的"示范效应"，导致社会中缺乏对法治、规则的尊重，法治意识淡漠。因此，习近平法治思想高度重视抓领导干部这一"关键少数"，以"关键少数"带动"绝大多数"，以此为重要抓手，全面推动法治中国建设。

从"十一个坚持"可以看出，习近平法治思想是基于全面依法治国实践的重大理论创新，也是实现"十四五"规划和2035年远景目标的根本保障，是今后法治建设实践的基本遵循。习近平法治思想总结了中国共产党领导人民进行法治建设的成功经验，明确了今后全面推进依法治国的主要任务和重点领域，确定了全面依法治国的基本战略。习近平法治思想中的"十一个坚持"，前三个"坚持"是根本政治要求，是管总、管方向、管道路的，可以概括为中国特色社会主义法治理论。从第四个"坚持"开始，这八个"坚持"既是重大原则要求，也部署了一系列具体任务，可以认为是实现2035年远景目标的路线图、施工图。

第二部分
党的十八大以来法治建设的成就

在习近平法治思想指导下，党的十八大以来，我国法治建设取得历史性成就，解决了过去许多年想解决而解决不了的问题，实现了全面依法治国的历史性突破，为推进国家治理体系和治理能力现代化、实现中华民族伟大复兴的中国梦奠定了坚实基础。总结党的十八以来法治建设的成就有利于确保新时代全面依法治国继续沿着正确的方向顺利前进，有利于帮助全党全国人民更好地学习习近平法治思想的核心要义和思想精髓，有利于进一步明确到2035年的全面依法治国的基本目标和主要任务。

回顾党的十八大以来全面依法治国的历史性成就，总结法治建设的成功经验，最重要的一条就是始终坚持习近平新时代中国特色社会主义思想，特别是习近平法治思想的指导，坚持问题导向、目标导向，针对法治建设中长期存在的痼疾与短板，持续推动体制和机制完善，兼顾治标与治本的要求，开创了全面法治建设的崭新局面。这是理解党的十八大后法治建设成就的钥匙，也是未来深入推进全面依法治国的基本经验，更是实现2035年远景目标的最大底气。

第一章

维护宪法权威、加强宪法实施成就

坚持依宪治国、依宪执政是习近平法治思想的重要内容。2014年9月5日，习近平总书记在庆祝全国人民代表大会成立60周年大会上的讲话中指出，"宪法是国家的根本法，坚持依法治国首先要坚持依宪治国，坚持依法执政首先要坚持依宪执政。我们必须坚持把依法治国作为党领导人民治理国家的基本方略、把法治作为治国理政的基本方式，不断把法治中国建设推向前进"。从历史经验的角度分析，中国共产党在推进中国革命、建设、改革的各个重要历史阶段，都高度重视依宪治国和依宪执政，形成了一系列宝贵经验。毛泽东同志曾经指出，"一个团体要有一个章程，一个国家也要有一个章程，宪法就是一个总章程，是根本大法。用宪法这样一个根本大法的形式，把人民民主和社会主义原则固定下来，使全国人民有一条清楚的轨道，使全国人民感到有一条清楚的明确的和正确的道路可走，就可以提高全国人民的积极性"。我国宪法发展的历史充分证明，宪法与国家前途、人民命运息息相关。

从我国宪法发展的历程看，早在革命根据地的开创时期，中国共产党就为制定和实施宪法进行了开创性的探索和实践。其中，最重要的具有宪法性质的文件应当是 1931 年颁布的《中华苏维埃共和国宪法大纲》和 1946 年颁布的《陕甘宁边区宪法原则》。1949 年 9 月 21 日，中国人民政治协商会议第一届全体会议在北平中南海怀仁堂隆重开幕，会议代行全国人民代表大会的职权，通过了具有临时宪法性质的《中国人民政治协商会议共同纲领》，选举产生了中央人民政府委员会。1954 年，我国制定了第一部社会主义宪法，为巩固社会主义政权和进行社会主义建设发挥了重要的保障和推动作用。党的十一届三中全会开启了改革开放历史新时期，1982 年制定并公布了现行宪法。截至目前，根据实践发展的要求，我国先后 5 次对现行宪法作出重要的修改和完善，体现了党领导人民进行改革开放和社会主义现代化建设新的成功经验，肯定了中国特色社会主义道路、理论、制度、文化发展的新成果，有力推动和保障了党和国家事业发展。

第一节　修改宪法

适时修改宪法，推动宪法制度与时俱进是维护宪法权威、加强宪法实施的重要表现。根据我国改革开放和社会主义现代化建设的实践和发展，在 2018 年对现行宪法修改之前，我国现行宪法自 1982 年通过后曾于 1988 年、1993 年、1999 年、2004 年先后 4 次对个别条款和部分内容做了必要的修改，共通过 31 条修

第一章　维护宪法权威、加强宪法实施成就

正案。

2018年我国对现行宪法进行了重大的修改。第五次宪法修改距上一次宪法修改有14年的时间，各方面情况有了很大的变化，修改宪法具有必要性、迫切性和更重要的意义。自2004年宪法修改以后，中国特色社会主义事业有了长足发展，特别是党的十八大以来，以习近平同志为核心的党中央团结带领全国各族人民，统筹推进"五位一体"总体布局、协调推进"四个全面"战略布局，推进党的建设新的伟大工程，形成一系列治国理政新理念新思想新战略，推动党和国家事业取得历史性成就、发生历史性变革，中国特色社会主义进入新时代。党的十九大在新的历史起点上对新时代坚持和发展中国特色社会主义作出重大战略部署，提出了一系列重大政治论断，确立了习近平新时代中国特色社会主义思想在全党的指导地位，确定了新的奋斗目标。"在新的历史条件下，面对新的历史任务，对宪法进行必要的修改，对党和国家事业发展具有重大指导和引领意义。"[1]

2018年3月11日，十三届全国人大一次会议审议通过《中华人民共和国宪法修正案》，把党的十九大确定的重大理论观点和重大方针政策，特别是习近平新时代中国特色社会主义思想载入国家根本大法，将党的意志上升为国家意志。这是1982年宪法实施以来，最高立法机关第五次对国家根本法的修改。十三届全国人大一次会议对现行宪法作出修改，在总体保持宪法连续

---

[1]　信春鹰：《我国宪法修改的重点内容及其重大历史意义》，《人民日报》2018年5月16日，第11版。

性、稳定性、权威性的基础上推动宪法与时俱进、完善发展，有利于更好地维护宪法权威、加强宪法实施，也为实现"两个一百年"奋斗目标和中华民族伟大复兴的中国梦提供根本的宪法保障。

第五次宪法修正案共21条，包括12个方面的内容：

（1）确立科学发展观、习近平新时代中国特色社会主义思想在国家政治和社会生活中的指导地位。习近平新时代中国特色社会主义思想是马克思主义中国化最新成果，是党和人民实践经验和集体智慧的结晶，是中国特色社会主义理论体系的重要组成部分，是全党全国人民为实现中华民族伟大复兴而奋斗的行动指南，是党的十八大以来党和国家事业取得历史性成就、发生历史性变革的根本理论指引。把习近平新时代中国特色社会主义思想载入宪法，使其同马克思列宁主义、毛泽东思想、邓小平理论、"三个代表"重要思想、科学发展观一起，被确立为在国家政治和社会生活中的指导思想，反映了全国各族人民的共同意愿，体现了党的主张和人民意志的统一，明确了全党全国人民为实现中华民族伟大复兴而奋斗的共同思想基础。

（2）充实坚持和加强中国共产党全面领导的内容。我国宪法序言已确定了中国共产党的领导地位，以历史叙事证明中国共产党的领导是历史的选择、人民的选择。宪法第一条第二款"社会主义制度是中华人民共和国的根本制度"后增写一句，内容为："中国共产党领导是中国特色社会主义最本质的特征。"宪法修正案把党的领导写进总纲中有关规定国家根本制度的条款，这就把党的领导和社会主义制度内在统一起来，把党的执政规律和中国特色社会主义建设规律内在统一起来。

（3）调整充实中国特色社会主义事业总体布局和第二个百年奋斗目标的内容。党的十九大确立了把我国建设成为富强民主文明和谐美丽的社会主义现代化强国，实现中华民族伟大复兴的宏伟目标。通过宪法修改把这个宏伟目标载入宪法序言，有利于引领全党全国人民把握规律、科学布局，在新时代不断开创党和国家事业发展的新局面，齐心协力为实现中华民族伟大复兴的中国梦而不懈奋斗。

（4）完善依法治国、依宪治国和加强宪法实施的制度。宪法修正案将宪法序言中的"健全社会主义法制"修改为"健全社会主义法治"，在宪法层面体现了依法治国理念的新内涵，一字之改体现了治国理念的大创新。在第二十七条中增加规定，"国家工作人员就职时应当依照法律规定公开进行宪法宣誓"，明确规定了宪法宣誓制度。宪法修正案还将宪法第七十条关于专门委员会的规定中的"法律委员会"修改为"宪法和法律委员会"，推动宪法实施和监督工作进入新阶段。

（5）充实完善我国革命和建设发展历程的内容。宪法修正案将宪法序言第十自然段中的"在长期的革命和建设过程中"修改为"在长期的革命、建设、改革过程中"；将宪法序言第十二自然段中的"中国革命和建设的成就是同世界人民的支持分不开的"修改为"中国革命、建设、改革的成就是同世界人民的支持分不开的"。在宪法中做这些修改，党和人民团结奋斗的光辉历程就更加完整。

（6）充实完善爱国统一战线和民族关系的内容。宪法修正案将宪法序言第十自然段中的"包括全体社会主义劳动者、社会主义事业的建设者、拥护社会主义的爱国者和拥护祖国统一的爱国者的广泛的爱国统一战线"，修改为"包括全体社会主义劳动者、社会主义事业的建设者、拥护社会主义的爱国者、拥护祖国统一和致力于中华民族伟大复兴的爱国者的广泛的爱国统一战线"。宪法序言第十一自然段中"平等、团结、互助的社会主义民族关系已经确立，并将继续加强"，修改为"平等团结互助和谐的社会主义民族关系已经确立，并将继续加强"。宪法修正案将第四条第一款中的"国家保障各少数民族的合法的权利和利益，维护和发展各民族的平等、团结、互助关系"，修改为"国家保障各少数民族的合法的权利和利益，维护和发展各民族的平等团结互助和谐关系"。

（7）充实和平外交政策方面的内容。宪法序言第十二自然段中"中国坚持独立自主的对外政策，坚持互相尊重主权和领土完整、互不侵犯、互不干涉内政、平等互利、和平共处的五项原则"后，增加"坚持和平发展道路，坚持互利共赢开放战略"；"发展同各国的外交关系和经济、文化的交流"，修改为"发展同各国的外交关系和经济、文化交流，推动构建人类命运共同体"。

（8）增加倡导社会主义核心价值观的内容。宪法修正案将宪法第二十四条第二款中"国家提倡爱祖国、爱人民、爱劳动、爱科学、爱社会主义的公德"，修改为"国家倡导社会主义核心价值观,提倡爱祖国、爱人民、爱劳动、爱科学、爱社会主义的公德"。

（9）修改国家主席、副主席任职方面的有关规定。宪法第七十九条第三款"中华人民共和国主席、副主席每届任期同全国人民代表大会每届任期相同,连续任职不得超过两届",修改为"中华人民共和国主席、副主席每届任期同全国人民代表大会每届任期相同"。修改国家主席任期是在全面总结党和国家长期历史经验的基础上,从全局和战略高度完善党和国家领导体制的重大举措,体现了中国特色社会主义政治优势和制度优势。党章对党的中央委员会总书记、党的中央军事委员会主席,宪法对中华人民共和国中央军事委员会主席,都没有作出"连续任职不得超过两届"的规定。"在修改宪法征求意见的过程中,各地各方面普遍认为,宪法对国家主席的相关规定也采取上述做法,是非常必要的、重要的。这样修改,有利于维护以习近平同志为核心的党中央权威和集中统一领导,有利于加强和完善国家领导体制,有利于保证党和国家长治久安。"[①]

（10）增加设区的市制定地方性法规的规定。宪法第一百条增加一款,作为第二款:"设区的市的人民代表大会和它们的常务委员会,在不同宪法、法律、行政法规和本省、自治区的地方性法规相抵触的前提下,可以依照法律规定制定地方性法规,报本省、自治区人民代表大会常务委员会批准后施行。"

[①] 信春鹰:《我国宪法修改的重点内容及其重大历史意义》,《人民日报》2018年5月16日,第11版。

（11）增加有关监察委员会的各项规定。第五次宪法修改有21条修正案，其中11条和国家监察体制改革相关，可以说，关于国家监察体制改革的内容是此次宪法修改的重要内容。深化国家监察体制改革是一项事关全局的重大政治体制、监督体制改革，是强化党和国家自我监督的重大决策部署。宪法修正案在宪法第三章国家机构第六节后增加一节，专门就监察委员会作出规定，以宪法的形式明确国家监察委员会和地方各级监察委员会的性质、地位、名称、人员组成、任期任届、监督方式、领导体制、工作机制等，为监察委员会行使职权提供了宪法依据。

具体来说，宪法第三章"国家机构"中增加一节，作为第七节"监察委员会"；增加了5条，分别作为第一百二十三条至第一百二十七条。第一百二十三条规定中华人民共和国各级监察委员会是国家的监察机关。第一百二十四条规定中华人民共和国设立国家监察委员会和地方各级监察委员会。监察委员会由下列人员组成：主任，副主任若干人，委员若干人。监察委员会主任每届任期同本级人民代表大会每届任期相同。国家监察委员会主任连续任职不得超过两届。监察委员会的组织和职权由法律规定。第一百二十五条规定中华人民共和国国家监察委员会是最高监察机关。国家监察委员会领导地方各级监察委员会的工作，上级监察委员会领导下级监察委员会的工作。第一百二十六条规定国家监察委员会对全国人民代表大会和全国人民代表大会常务委员会负责。地方各级监察委员会对产生它的国家权力机关和上一级监察委员会负责。第一百二十七条规定监察委员会依照法律规定独立行使监察权,不受行政机关、社会团体和个人的干涉。监察机关办理职务违法和职务犯罪案件,应当与审判机关、检察机关、执法部门互相配合,互相制约。

(12)修改全国人大专门委员会的有关规定。宪法第七十条第一款中"全国人民代表大会设立民族委员会、法律委员会、财政经济委员会、教育科学文化卫生委员会、外事委员会、华侨委员会和其他需要设立的专门委员会",修改为"全国人民代表大会设立民族委员会、宪法和法律委员会、财政经济委员会、教育科学文化卫生委员会、外事委员会、华侨委员会和其他需要设立的专门委员会"。

2018年的宪法修改是中国共产党推进全面依法治国的重大成就和生动写照。在宪法修改的全过程中,从党中央提出建议,到十二届全国人大常委会决定将宪法修正案草案提请本次大会审议,再到大会期间多次审议、补充完善、投票表决,都体现出党的主张和人民意志的高度统一,展现出中国特色社会主义民主政治和全面依法治国的巨大优势,是依法治国、依宪治国的生动实践。

第二节 加强宪法实施成就

党的十八大以来,以习近平同志为核心的党中央坚持依宪治国、依宪执政,将全面贯彻实施宪法作为全面依法治国、建设社会主义法治国家的首要任务和基础性工作，把党和国家各项事业、各项工作全面纳入宪法轨道，通过加强宪法实施维护宪法法律权威，厉行法治，在宪法实施方面取得历史性成就。具体而言，党的十八大以来加强宪法实施主要有以下几个方面的新突破。

一、通过加强立法推进宪法实施

从国际上加强宪法实施的经验分析，立法是加强宪法实施的首要途径。从我国法治建设的实际情况考量，通过加强立法形成完备的法律法规和制度体系，是宪法实施的内在要求，也是宪法实施的基本途径。党的十八大以后到2017年的5年中，第十二届全国人民代表大会及其常务委员会新制定法律20件，通过修改法律的决定39件、涉及修改法律100件，废止法律1件，作出法律解释9件，有关法律问题的决定34件。2018年，十三届全国人大一次会议审议通过宪法修正案，制定监察法，通过有关重大问题的决定事项4件；全国人大常委会制定法律8件，修改法律47件次，通过有关法律问题和重大问题的决定9件。2019年，中国特色社会主义法律体系更加完善，重要领域立法成果突出，全国人大及其常委会制定法律6件，修改法律16件，通过有关法律问题和重大问题的决定8件。截至2019年12月底，中国现行有效的法律共274件。2020年，全国人大及其常委会制定法律9件，修改法律12件，通过有关法律问题和重大问题的决定12件。大量立法成就直接促进和加强了宪法实施，切实体现了依宪治国的要求。

更重要的是，全国人大及其常委会在直接促进宪法实施方面也有重大突破。首先，在推进国家监察体制改革过程中，全国人大常委会根据职权作出进行国家监察体制改革的决定。为在全国推进国家监察体制改革探索积累经验，2016年12月25日第十二届全国人民代表大会常务委员会第二十五次会议决定：在北京市、山西省、浙江省开展国家监察体制改革试点工作。在北京市、山西省、浙江省及所辖县、市、市辖区设立监察委员会，行使监察职权。

为了贯彻落实党的十九大精神，根据党中央确定的《关于在全国各地推开国家监察体制改革试点方案》，在认真总结北京市、山西省、浙江省开展国家监察体制改革试点工作经验的基础上，2017年11月4日，第十二届全国人民代表大会常务委员会第三十次会议作出决定，在全国各地推开国家监察体制改革试点工作。在试点工作中，暂时调整或者暂时停止适用《中华人民共和国行政监察法》，《中华人民共和国刑事诉讼法》第三条、第十八条、第一百四十八条以及第二编第二章第十一节关于检察机关对直接受理的案件进行侦查的有关规定，《中华人民共和国人民检察院组织法》第五条第二项，《中华人民共和国检察官法》第六条第三项，《中华人民共和国地方各级人民代表大会和地方各级人民政府组织法》第五十九条第五项关于县级以上的地方各级人民政府管理本行政区域内的监察工作的规定。其他法律中规定由行政监察机关行使的监察职责，一并调整由监察委员会行使。

2018年3月20日,第十三届全国人大一次会议表决通过了《中华人民共和国监察法》,落实宪法规定的新的国家监察制度,直接促进了宪法实施。

其次,第十二届全国人民代表大会常务委员会第十八次会议于2015年12月27日通过《中华人民共和国国家勋章和国家荣誉称号法》,并在中华人民共和国成立70周年时作出有关授勋的决定,落实宪法规定的国家荣誉制度,有效加强了宪法实施工作。在中华人民共和国成立70周年大庆之际,党中央决定开展国家勋章和国家荣誉称号集中评选颁授。根据宪法规定,全国人大常委会"规定和决定授予国家的勋章和荣誉称号",国家主席根据全国人大常委会的决定,"授予国家的勋章和荣誉称号"。《中华人民共和国国家勋章和国家荣誉称号法》则明确了具体程序,第五条第一款规定,全国人大常委会委员长会议根据各方面的建议,向全国人大常委会提出授予国家勋章、国家荣誉称号的议案。其中,"共和国勋章"授予在中国特色社会主义建设和保卫国家中作出巨大贡献、建立卓越功勋的杰出人士;"友谊勋章"授予在我国社会主义现代化建设和促进中外交流合作、维护世界和平中作出杰出贡献的外国人;国家荣誉称号授予在经济、社会、国防、外交、教育、科技、文化、卫生、体育等各领域各行业作出重大贡献、享有崇高声誉的杰出人士。

为了庆祝中华人民共和国成立70周年,隆重表彰为新中国建设和发展作出杰出贡献的功勋模范人物,弘扬民族精神和时代精神,根据《中华人民共和国宪法》和《中华人民共和国国家勋章和国家荣誉称号法》，2019年9月17日，第十三届全国人民代表大会常务委员会第十三次会议作出了授勋决定。决定授予于敏、申纪兰（女）、孙家栋、李延年、张富清、袁隆平、黄旭华、屠呦呦（女）"共和国勋章"。授予劳尔·卡斯特罗·鲁斯（古巴）、玛哈扎克里·诗琳通（女，泰国）、萨利姆·艾哈迈德·萨利姆（坦桑尼亚）、加林娜·维尼阿米诺夫娜·库利科娃（女，俄罗斯）、让-皮埃尔·拉法兰（法国）、伊莎白·柯鲁克（女，加拿大）"友谊勋章"。授予叶培建、吴文俊、南仁东（满族）、顾方舟、程开甲"人民科学家"国家荣誉称号；授予于漪（女）、卫兴华、高铭暄"人民教育家"国家荣誉称号；授予王蒙、秦怡（女）、郭兰英（女）"人民艺术家"国家荣誉称号；授予艾热提·马木提（维吾尔族）、申亮亮、麦贤得、张超"人民英雄"国家荣誉称号；授予王文教、王有德（回族）、王启民、王继才、布茹玛汗·毛勒朵（女，柯尔克孜族）、朱彦夫、李保国、都贵玛（女，蒙古族）、高德荣（独龙族）"人民楷模"国家荣誉称号；授予热地（藏族）"民族团结杰出贡献者"国家荣誉称号；授予董建华"'一国两制'杰出贡献者"国家荣誉称号；授予李道豫"外交工作杰出贡献者"国家荣誉称号；授予樊锦诗（女）"文物保护杰出贡献者"国家荣誉称号。此次授勋突出时代精神，充分考虑新中国成立70周年的鲜明主题，在社会主义革命、建设和改革各个历史时期均有代表性人物入选；优先授勋于重大标志性历史事件中的代表人物，注重人选蕴含的民族精神和时代精神。开展颁授国家勋章和国家荣誉称号活动，是现行宪法公布施行以来的第一次，具有创制性，是实施宪法关于国家勋章荣誉制度的重要实践。

最后，制定《中华人民共和国国歌法》，修改《中华人民共和国国旗法》《中华人民共和国国徽法》，健全宪法规定的国家象征和标志制度。为了通过国家立法对国歌的奏唱场合、奏唱礼仪和宣传教育进行规范，2017年9月1日，十二届全国人大常委会第二十九次会议表决通过《中华人民共和国国歌法》。国歌同国旗、国徽一样，是一个国家的象征。但是，过去的一段时间内，社会上存在随意使用国歌、奏唱国歌不严肃等问题，国歌对青少年的教育功能也发挥得不充分，制定《中华人民共和国国歌法》有利于解决上述问题，健全宪法规定的国家象征和标志制度。2020年10月17日，十三届全国人大常委会第二十二次会议表决通过关于修改国旗法、国徽法的决定，对国旗法和国徽法进行了必要的修改，完善国旗、国徽的尺度，增加使用的场合和规范，明确监督部门。

二、根据宪法制度和宪法精神处理重大问题

根据宪法规定，全国人大常委会的重大事项决定权主要包括：在全国人大闭会期间，审查和批准国民经济和社会发展计划、国家预算在执行过程中所必须作的部分调整方案；决定同外国缔结的条约和重要协定的批准和废除；规定军人和外交人员的衔级制度和其他专门衔级制度；规定和决定授予国家的勋章和荣誉称号；决定特赦；在全国人大闭会期间，决定战争状态的宣

布；决定全国总动员或者局部动员；决定全国或者个别省、自治区、直辖市进入紧急状态；等等。2015年和2019年，全国人大常委会贯彻党中央决策部署，两次通过有关决定并由国家主席发布特赦令，特赦部分服刑罪犯。2015年8月29日，中华人民共和国主席习近平签署主席特赦令，根据十二届全国人大常委会第十六次会议通过的全国人大常委会关于特赦部分服刑罪犯的决定，对参加过抗日战争、解放战争等四类服刑罪犯实行特赦。特赦的四类服刑罪犯包括：参加过中国人民抗日战争、中国人民解放战争的；中华人民共和国成立以后，参加过保卫国家主权、安全和领土完整对外作战的，但犯贪污受贿犯罪，故意杀人、强奸、抢劫、绑架、放火、爆炸、投放危险物质或者有组织的暴力性犯罪，黑社会性质的组织犯罪，危害国家安全犯罪，恐怖活动犯罪的，有组织犯罪的主犯以及累犯除外；年满七十五周岁、身体严重残疾且生活不能自理的；犯罪的时候不满十八周岁，被判处三年以下有期徒刑或者剩余刑期在一年以下的，但犯故意杀人、强奸等严重暴力性犯罪，恐怖活动犯罪，贩卖毒品犯罪的除外。

2019年6月29日，国家主席习近平签署发布特赦令，根据十三届全国人大常委会第十一次会议通过的全国人大常委会关于在中华人民共和国成立70周年之际对部分服刑罪犯予以特赦的决定，对九类服刑罪犯实行特赦：一是参加过中国人民抗日战争、中国人民解放战争的；二是中华人民共和国成立以后，参加过保卫国家主权、安全和领土完整对外作战的；三是中华人民共和国成立以后，为国家重大工程建设做过较大贡献并获得省部级以上"劳动模范""先进工作者""五一劳动奖章"等荣誉称号的;四是曾系现役军人并获得个人一等功以上奖励的;五是因防卫过当或者避险过当,被判处三年以下有期徒刑或者剩余刑期在一年以下的;六是年满七十五周岁、身体严重残疾且生活不能自理的;七是犯罪的时候不满十八周岁,被判处三年以下有期徒刑或者剩余刑期在一年以下的;八是丧偶且有未成年子女或者有身体严重残疾、生活不能自理的子女,确需本人抚养的女性,被判处三年以下有期徒刑或者剩余刑期在一年以下的;九是被裁定假释已执行五分之一以上假释考验期的,或者被判处管制的。国家主席特赦令同时明确,上述九类对象,具有以下情形之一的,不得特赦:一是第二、三、四、七、八、九类对象中系贪污受贿犯罪,军人违反职责犯罪,故意杀人、强奸、抢劫、绑架、放火、爆炸、投放危险物质或者有组织的暴力性犯罪,黑社会性质的组织犯罪,贩卖毒品犯罪,危害国家安全犯罪,恐怖活动犯罪的罪犯,其他有组织犯罪的主犯,累犯的;二是第二、三、四、九类对象中剩余刑期在十年以上的和仍处于无期徒刑、死刑缓期执行期间的;三是曾经被特赦又因犯罪被判处刑罚的;四是不认罪悔改的;五是经评估具有现实社会危险性的。根据最高人民法院的相关统计,在 2015 年特赦中,共依法裁定特赦四类服刑罪犯 31527 人。在 2019 年特赦中,依法裁定特赦参加过抗日战争、解放战争,参加过保卫国家主权、安全和领土完整对外作战等九类服刑罪犯 23593 人。

2016 年,全国人大常委会根据宪法精神和有关法律,针对辽宁省人大常委会履行职责遇到的特殊问题，采取创制性办法及时妥善作出相关决定，维护宪法权威。辽宁拉票贿选案是新中国成立以来查处的第一起发生在省级层面、严重违反党纪国法、严重破坏党内选举制度和人大选举制度的重大案件。按照有关法律规定，涉案的辽宁省人大代表的代表资格终止后，其中的省人大常委会组成人员的职务依法相应终止。辽宁省人大常委会因组成人员已不足半数，无法召开常委会会议履行职责。为及时妥善处理这一从未遇到过的特殊问题，全国人大常委会根据宪法精神和有关法律原则作出创制性安排。2016年9月13日，临时召开常委会第二十三次会议，审议通过了全国人大常委会代表资格审查委员会的报告，依法确定辽宁省45名拉票贿选的全国人大代表当选无效；审议通过了关于成立辽宁省第十二届人民代表大会第七次会议筹备组的决定，决定由筹备组代行辽宁省人大常委会部分职权，负责筹备辽宁省十二届人大七次会议的相关事宜。[1]

2020年，根据疫情防控需要推迟召开全国人民代表大会会议。依据宪法和有关法律，2020年2月24日，第十三届全国人民代表大会常务委员会第十六次会议通过《全国人民代表大会常务委员会关于推迟召开第十三届全国人民代表大会第三次会议的决定》，适时作出推迟召开代表大会的决定，在疫情防控特殊情况下合理安排会期，保证代表大会行使法定职权。

---

[1]《全国人民代表大会常务委员会工作报告》，2017年。

三、坚持和完善"一国两制"制度体系，加强宪法实施

第一，按照宪法和基本法规定，全国人大常委会对香港特别行政区政制发展问题作出决定。2014年，全国人大常委会作出关于香港特别行政区政制发展的决定，根据实际情况对香港特别行政区行政长官普选问题作出决定。众所周知，行政长官普选是香港特别行政区政制发展的重大问题。根据宪法和基本法的规定，全国人大常委会对实施香港基本法和依法推进香港政制发展负有宪制责任，有必要就行政长官普选制度的若干核心要素和相关问题作出决定。2014年8月31日，第十二届全国人民代表大会常务委员会第十次会议通过《全国人民代表大会常务委员会关于香港特别行政区行政长官普选问题和2016年立法会产生办法的决定》，为下一步香港特别行政区提出行政长官普选具体办法确定了原则、指明了方向。该决定对于全面贯彻落实"一国两制"、"港人治港"、高度自治方针和香港基本法，推动香港循序渐进发展民主、依法顺利实现2017年行政长官由普选产生的目标，具有重要意义。《全国人民代表大会常务委员会关于香港特别行政区行政长官普选问题和2016年立法会产生办法的决定》指出，按照香港基本法的规定，香港特别行政区行政长官既要对香港特别行政区负责，也要对中央人民政府负责，必须坚持行政长官由爱国爱港人士担任的原则。这是"一国两制"方针政策的基本要求，是行政长官的法律地位和重要职责决定的，是保持香港长期繁荣稳定，维护国家主权、安全和发展利益的客观需要。行政长官普选办法必须为此提供相应的制度保障。《全国人民代表大会

常务委员会关于香港特别行政区行政长官普选问题和 2016 年立法会产生办法的决定》还指出，2012 年香港特别行政区第五届立法会产生办法经过修改后，已经向扩大民主的方向迈出了重大步伐。香港基本法附件二规定的现行立法会产生办法和表决程序不作修改，2016 年第六届立法会产生办法和表决程序继续适用现行规定，符合循序渐进地发展适合香港实际情况的民主制度的原则，符合香港社会的多数意见，也有利于香港社会各界集中精力优先处理行政长官普选问题，从而为行政长官实行普选后实现立法会全部议员由普选产生的目标创造条件。

第二，对基本法第一百零四条进行解释，明确对公职人员宣誓的要求。2016 年 11 月 7 日，第十二届全国人民代表大会常务委员会第二十四次会议通过《全国人民代表大会常务委员会关于〈中华人民共和国香港特别行政区基本法〉第一百零四条的解释》，对《中华人民共和国香港特别行政区基本法》第一百零四条"香港特别行政区行政长官、主要官员、行政会议成员、立法会议员、各级法院法官和其他司法人员在就职时必须依法宣誓拥护中华人民共和国香港特别行政区基本法，效忠中华人民共和国香港特别行政区"的规定作出重要解释，"拥护中华人民共和国香港特别行政区基本法，效忠中华人民共和国香港特别行政区"既是该条规定的宣誓必须包含的法定内容，也是参选或者出任该条所列公职的法定要求和条件；宣誓是该条所列公职人员就职的法定条件和必经程序，宣誓必须符合法定的形式和内容要求，宣誓人拒绝宣誓即丧失就任该条所列相应公职的资格，宣誓必须在法律规定的监誓人面前进行。

第三，在香港建立维护国家安全的法律制度和执行机制。2020年5月28日下午，十三届全国人大三次会议以高票表决通过《全国人民代表大会关于建立健全香港特别行政区维护国家安全的法律制度和执行机制的决定》（以下简称《决定》）。近年来，香港特别行政区国家安全风险凸显，"港独"、分裂国家、暴力恐怖活动等各类违法活动严重危害国家主权、统一和领土完整，一些外国和境外势力公然干预香港事务，利用香港从事危害我国国家安全的活动。为了维护国家主权、安全、发展利益，坚持和完善"一国两制"制度体系，维护香港长期繁荣稳定，保障香港居民合法权益，根据《中华人民共和国宪法》第三十一条和第六十二条第二项、第十四项、第十六项的规定，以及《中华人民共和国香港特别行政区基本法》的有关规定，全国人民代表大会作出《决定》。《决定》阐明国家坚定不移并全面准确贯彻"一国两制"、"港人治港"、高度自治的方针；强调采取必要措施建立健全香港特别行政区维护国家安全的法律制度和执行机制，依法防范、制止和惩治危害国家安全的行为和活动。《决定》阐明国家坚决反对任何外国和境外势力以任何方式干预香港特别行政区事务，采取必要措施予以反制。《决定》明确规定维护国家主权、统一和领土完整是香港特别行政区的宪制责任；强调香港特别行政区应当尽早完成香港基本法规定的维护国家安全立法，香港特别行政区行政机关、立法机关、司法机关应当依据有关法律规定有效防范、制止和惩治危害国家安全的行为和活动。《决定》

明确规定香港特别行政区应当建立健全维护国家安全的机构和执行机制；中央人民政府维护国家安全的有关机关根据需要在香港特别行政区设立机构，依法履行维护国家安全相关职责。《决定》明确规定香港特别行政区行政长官应当就香港特别行政区履行维护国家安全职责、开展国家安全教育、依法禁止危害国家安全的行为和活动等情况，定期向中央人民政府提交报告。《决定》授权全国人大常委会就建立健全香港特别行政区维护国家安全的法律制度和执行机制制定相关法律，切实防范、制止和惩治任何分裂国家、颠覆国家政权、组织实施恐怖活动等严重危害国家安全的行为和活动以及外国和境外势力干预香港特别行政区事务的活动。《决定》明确，全国人大常委会决定将上述相关法律列入香港基本法附件三，由香港特别行政区在当地公布实施。2020年6月30日，为坚定不移并全面准确贯彻"一国两制"、"港人治港"、高度自治的方针，维护国家安全，防范、制止和惩治与香港特别行政区有关的分裂国家、颠覆国家政权、组织实施恐怖活动和勾结外国或者境外势力危害国家安全等犯罪，保持香港特别行政区的繁荣和稳定，保障香港特别行政区居民的合法权益，第十三届全国人民代表大会常务委员会第二十次会议通过了《中华人民共和国香港特别行政区维护国家安全法》，该法是反对和遏制"港独"重要立法，它被列入香港基本法附件三，对于维护国家安全和香港长治久安、长期繁荣发展具有重要意义。

第四，对香港特别行政区立法会议员资格问题作出决定。2020年11月11日，第十三届全国人民代表大会常务委员会第二十三次会议通过《全国人民代表大会常务委员会关于香港特别行政区立法会议员资格问题的决定》。决定指出，香港特别行政区立法会议员，因宣扬或者支持"港独"主张、拒绝承认国家对香港拥有并行使主权、寻求外国或者境外势力干预香港特别行政区事务，或者具有其他危害国家安全等行为，不符合拥护中华人民共和国香港特别行政区基本法、效忠中华人民共和国香港特别行政区的法定要求和条件，一经依法认定，即时丧失立法会议员的资格。

四、通过推进合宪性审查和备案审查工作加强宪法实施

合宪性审查是宪法实施的重要途径。党的十九大报告明确提出，完善人大专门委员会设置，加强宪法实施和监督，推进合宪性审查工作，维护宪法权威。这是党的代表大会正式文件中首次提出合宪性审查概念。2018年3月，十三届全国人大一次会议通过的宪法修正案，将全国人大法律委员会修改为宪法和法律委员会。2018年6月，全国人大常委会作出关于全国人民代表大会宪法和法律委员会职责问题的决定。根据党的十九届三中全会精神、《深化党和国家机构改革方案》和全国人大常委会关于全国人大宪法和法律委员会职责问题的决定，宪法和法律委员会的职责有两项：一是承担全国人大组织法、立法法、各级人大常委会监督法、全国人大议事规则、全国人大常委会议事规则规定的"法律委员会"的职责；另一项增加推动宪法实施、开展宪法解释、推进合宪性审查、加强宪法监督、配合宪法宣传等工作职责。

2018年10月，全国人大常委会法工委宪法室正式成立，宪法室的职责是协助全国人大常委会和全国人大宪法和法律委承担推动宪法实施、开展宪法解释、推进合宪性审查、加强宪法监督、配合宪法宣传等方面的具体工作，为常委会和宪法法律委履行宪法方面有关职责做好服务保障。

备案审查制度是保障宪法法律实施、维护国家法制统一的宪法性制度。根据宪法和立法法、监督法的规定，国务院制定的行政法规，地方人大及其常委会制定的地方性法规，以及最高人民法院、最高人民检察院制定的司法解释，应当报送全国人大常委会备案。全国人大常委会对报送备案的法规、司法解释进行审查，对与宪法法律相抵触的法规、司法解释有权予以撤销、纠正。为了加强备案审查工作，2019年12月16日，第十三届全国人民代表大会常务委员会第四十四次委员长会议制定了《法规、司法解释备案审查工作办法》，适用于对行政法规、监察法规、地方性法规、自治州和自治县的自治条例和单行条例、经济特区法规以及最高人民法院、最高人民检察院作出的属于审判、检察工作中具体应用法律的解释的备案审查。

近年来，全国人大常委会定期听取全国人大常委会法制工作委员会的备案审查工作报告，督促制定机关纠正与宪法精神和法律规定相抵触，或者不符合、不适应的规范性文件，维护国家法制的统一、尊严和权威。例如，2018年，制定机关共向全国人大常委会报送备案行政法规、地方性法规、司法解释1238件，其中行政法规40件，省级地方性法规640件，设区的市地方性法规 483 件，自治条例和单行条例 33 件，经济特区法规 24 件，司法解释 18 件。据不完全统计，截至 2018 年 11 月底，制定机关共向全国人大常委会报送备案现行有效行政法规、地方性法规、司法解释 12397 件，其中行政法规 755 件，省级地方性法规 6083 件，设区的市地方性法规 3519 件，自治条例和单行条例 995 件，经济特区法规 335 件，司法解释 710 件。行政法规、地方性法规、司法解释基本实现了有件必备。[①]2020 年，全国人大常委会办公厅共收到报送备案的行政法规、地方性法规、自治条例和单行条例、经济特区法规、司法解释、特别行政区法律 1310 件，其中行政法规 25 件，省、自治区、直辖市地方性法规 500 件，设区的市、自治州地方性法规 563 件，自治条例和单行条例 85 件，经济特区法规 80 件，司法解释 16 件，香港特别行政区法律 20 件，澳门特别行政区法律 21 件。[②]

在 2020 年的备案审查工作报告中，特别提到了实践中长期存在的人身伤害赔偿中"同命不同价"问题。长期以来，最高人民法院司法解释规定，人身损害赔偿案件中，对城镇居民和农村居民分别以城镇居民人均可支配收入和农村居民人均纯收入为标准计算残疾赔偿金和死亡赔偿金。对此，有公民提出合宪性审查建议，认为因计算标准不一致导致司法审判实践中出现不公平现

---

① 沈春耀:《全国人民代表大会常务委员会法制工作委员会关于 2018 年备案审查工作情况的报告》，见 https://www.sohu.com/a/284545418_693202。
② 沈春耀:《全国人民代表大会常务委员会法制工作委员会关于 2020 年备案审查工作情况的报告》，见 http://www.npc.gov.cn/npc/c30834/202101/239178b5d-03944c7b453ddc6bdd7c087.shtml。

象，与宪法有关精神不一致。全国人大常委会法工委审查认为，随着社会发展进步，国家提出城乡融合发展，城乡发展差距和居民生活水平差距将逐步缩小，城乡居民人身损害赔偿计算标准的差异也应当消除。2019年9月，最高人民法院授权各省、自治区、直辖市高级人民法院、新疆生产建设兵团分院开展统一城乡人身损害赔偿标准试点工作。经与最高人民法院沟通，建议在总结试点经验的基础上，适时修改完善人身损害赔偿制度，统一城乡居民人身损害赔偿标准。

此外，党的十八大以来，全国人大常委会按照宪法规定、遵循宪法原意，通过法律案修改情况报告、审议结果报告等方式，及时回应各方面对宪法问题的关切，以此加强宪法实施、维护宪法权威。

五、通过设立宪法日、建立宪法宣誓制度推动宪法实施

2014年11月1日，第十二届全国人民代表大会常务委员会第十一次会议通过《全国人民代表大会常务委员会关于设立国家宪法日的决定》，将12月4日设立为国家宪法日，每年组织有关活动，在全社会弘扬宪法精神。现行宪法公布施行以来，每年12月4日全国各地开展以学习宣传宪法和国家基本法律为重点的法制宣传活动，12月4日成为法制宣传日。"法制宣传日"变为"国家宪法日"虽然只是名称上的变化，但实际上意义非凡。全国人大常委会以立法形式将12月4日设立为国家宪法日集中反映了全党和全国人民的意志，有利于在全社会进一步加强宪法宣传教

育，树立忠于宪法、遵守宪法、维护宪法的意识，在全国上下弘扬宪法精神、维护宪法权威、捍卫宪法尊严、保证宪法实施，有利于推进法治中国建设。

2015年7月1日，第十二届全国人民代表大会常务委员会第十五次会议通过《全国人民代表大会常务委员会关于实行宪法宣誓制度的决定》，2018年2月24日第十二届全国人民代表大会常务委员会第三十三次会议进行了修订。建立健全宪法宣誓制度，有利于激励和教育国家工作人员忠于宪法、遵守宪法、维护宪法。根据该决定，各级人民代表大会及县级以上各级人民代表大会常务委员会选举或者决定任命的国家工作人员，以及各级人民政府、监察委员会、人民法院、人民检察院任命的国家工作人员，在就职时应当公开进行宪法宣誓。宣誓誓词如下："我宣誓：忠于中华人民共和国宪法，维护宪法权威，履行法定职责，忠于祖国、忠于人民，恪尽职守、廉洁奉公，接受人民监督，为建设富强民主文明和谐美丽的社会主义现代化强国努力奋斗！""宪法的根基在于人民发自内心的拥护，宪法的伟力在于人民出自真诚的信仰"，宪法宣誓制度是弘扬宪法精神的重要举措，也是加强宪法实施的重要制度性安排。

第二章
立法成就

第一节　科学立法、民主立法成就

一、法律体系的完善与立法质量的提升

习近平总书记指出："小智治事，中智治人，大智立法。治理一个国家、一个社会，关键是要立规矩、讲规矩、守规矩。法律是治国理政最大最重要的规矩。推进国家治理体系和治理能力现代化，必须坚持依法治国，为党和国家事业发展提供根本性、全局性、长期性的制度保障。"法律是治国之重器，良法是善治之前提。新时代的国家立法，从"有法可依"走向"良法善治"。1997年9月，党的十五大明确提出，要加强立法工作，提高立法质量，到2010年形成中国特色社会主义法律体系。围绕实现这一目标，在党中央的统一领导下，全国人大及其常委会积极主动开展立法工作；其他各立法主体积极跟进，不同层次立法齐头并进。到2010年底，以宪法为核心，以宪法相关法及民法、商法等多个法律部门的法律为主干，由法律、行政法规、地方性法规等多层次法律规范构成的中国特色社会主义法律体系如期形成，

国家在经济建设、政治建设、文化建设、社会建设、生态文明建设的各个方面实现有法可依。2014年9月，习近平总书记指出，经过长期努力，中国特色社会主义法律体系已经形成，我们国家和社会生活各方面总体上实现了有法可依，这是我们取得的重大成就，也是我们继续前进的新起点。[1]

党的十八大以来，我国的立法成就非凡，加强重点领域立法，立法工作呈现出数量多、分量重、节奏快的特点，取得一批新的重要立法成果，各领域一批重大立法相继出台。从覆盖范围看，社会主义法律体系更加完善。例如，适时修改宪法，健全保证宪法实施的法律制度；先后制定国家安全法、网络安全法等，国家安全立法取得重要进展；编纂民法典，依法维护人民权益，推进国家治理体系和治理能力现代化；制定慈善法，让慈善事业步入良性发展的法治轨道。制定电子商务法，让网购大军维权更有底气；出台疫苗管理法、修订药品管理法，用最严格的制度维护广大人民身体健康；修改环境保护法、大气污染防治法，努力构建最严格的生态环境保护法律制度；修改未成年人保护法、预防未成年人犯罪法，织密法网，以便更好保护"少年的你"。制定监察法，创新和完善国家监察制度，依法开展反腐败工作；修改个人所得税法，推动个人所得税从分类税制向综合与分类相结合的税制转变；废止收容教育，更好适应新时代社会治理的要求；全国人大常委会依照法定权限和程序，作出数十项授权决定

---

[1] 许安标：《新中国70年立法的成就与经验》，《中国人大》2019年第21期。

和有关法律问题的决定，包括国家监察制度改革，自由贸易试验区的建设与拓展，行政审批制度改革，司法体制改革以及农村集体土地使用权制度改革等，确保重大改革和先行先试在法治框架内依法有序推进，直接贯彻了习近平总书记"凡属重大改革都要于法有据"的重要思想。

从内容上看，党的十八大以来的立法实现了很大历史性突破。例如，在刑法领域，刑法修正案（九）对重特大贪污受贿犯罪被判处死刑缓期二年执行的犯罪分子，增加规定"终身监禁"，这在我国刑法史上是一大突破，意义重大。作为对罪当处死、判处死缓的贪污受贿分子的一种不执行死刑的替代执行措施，既可以减少死刑适用，又加大了对腐败分子的震慑，稳妥可行，实现了立法的政治效果、法律效果和社会效果相统一。

在刑事诉讼法领域，根据司法实践的变化，为更好地平衡司法效率与程序正义关系，通过修改刑事诉讼法建立刑事案件速裁程序和认罪认罚从宽制度，不仅有利于贯彻落实宽严相济的刑事政策，优化司法职权配置，及时有效惩罚犯罪，而且深化了刑事诉讼程序制度改革，建立起速裁程序、简易程序、普通程序有序衔接、繁简分流的多层次诉讼制度体系。正是在科学立法的指引下，司法实践中的认罪认罚从宽制度适用率、量刑建议采纳率不断提升，并保持在较高水平。根据检察机关的统计，2020年1月至10月，全国检察机关在依法严惩严重刑事犯罪的同时，适用认罪认罚从宽制度办结人数占同期刑事案件办结人数83.27%。2019年1月至2020年10月，法院审结的检察机关适用认罪认罚从宽制度办理的案件中，量刑建议采纳率达到89.52%。其中，2020年的量刑建议采纳率达到93.47%。[①]

以最高人民检察院第二十二批指导性案件中的《无锡F警用器材公司虚开增值税专用发票案》为例，民营企业违规经营触犯刑法情节较轻，认罪认罚的，对单位和直接责任人员依法能不捕的不捕，能不诉的不诉，直接体现了宽严相济的刑事政策，减少了对社会经济活动的不利影响。2015年12月，乌某某、陈某某为了F警用器材公司少缴税款，商议在没有货物实际交易的情况下，从其他公司虚开增值税专用发票抵扣税款，并指使倪某通过公司供应商杜某某等4人介绍，采用伪造合同、虚构交易、支付开票费等手段，从王某某（另案处理）实际控制的商贸公司、电子科技公司虚开增值税专用发票24份，税额计人民币377344.79元，后F警用器材公司从税务机关抵扣了税款。乌某某、陈某某、倪某、杜某某分别于2018年11月22日、23日至公安机关投案，均如实供述犯罪事实。11月23日，公安机关对乌某某等4人依法取保候审。案发后，F警用器材公司补缴全部税款并缴纳滞纳金。2019年11月8日，无锡市公安局新吴分局以F警用器材公司及乌某某等4人涉嫌虚开增值税专用发票罪移送检察机关审查起诉。检察机关经审查，综合案件情况拟作出不起诉处理，举行了公开听证。该公司及乌某某等4人均自愿认罪认罚，在律师的见证下签署了认罪认罚具结书。2020年3月6日，无锡市新吴区

[①] 最高人民检察院第二十二批指导性案例，见 https://www.spp.gov.cn/spp/xwfbh/wsfbt/202012/t20201208_488360.shtml#1。

人民检察院依据《中华人民共和国刑事诉讼法》第一百七十七条第二款规定，对该公司及乌某某等4人作出不起诉决定，就没收被不起诉人违法所得及对被不起诉单位予以行政处罚向公安机关和税务机关分别提出检察意见。后公安机关对倪某、杜某某没收违法所得共计人民币 45503 元，税务机关对该公司处以行政罚款人民币 466131.8 元。①

再如，《中华人民共和国环境保护法》的修改有效解决了环境违法成本低的问题。在实践中，超标、超总量排污、偷排污水、排放有毒物质、夜间违规建设噪声扰民等违法现象较为普遍。这类环境违法行为具有持续性的共同特征，同一违法行为持续时间长，甚至长达数月乃至数年。对这类违法行为，环保执法人员面临两难：如果只认定为一个违法行为予以处罚，处罚过轻，违法成本太低；如果认定为多个违法行为予以处罚，又缺乏法律依据。为此，修法中创制性地规定了按日计罚制度，对于违法排放污染物，受到罚款处罚，被责令改正，拒不改正，依法作出处罚决定的行政机关可以自责令改正之日的次日起，按照原处罚数额按日连续计罚。同时，鉴于当前严峻的环境形势，为了适应各地方根据本地区环境污染治理的具体情况和加强环境保护的实际需要，为地方环保立法留出空间，经反复研究，确定在按日计罚制度上再开口子，授权地方性法规可以根据实际需要，增加《环境保护法》规定的按日计罚的违法行为的种类。这也是一项十分重

---

① 最高人民检察院第二十二批指导性案例，见 https://www.spp.gov.cn/spp/xwfbh/wsfbt/202012/t20201208_488360.shtml#1。

要的制度创新。根据环境保护部 2017 年 12 月 5 日通报,当年 1 月至 11 月,按日计罚案件共 1046 件,罚款金额突破 10 亿元。①

总体上分析,党的十八大以来,立法机关围绕统筹推进"五位一体"总体布局和协调推进"四个全面"战略布局,不断进行立法创新实践,立法工作呈现数量多、分量重、节奏快的新特点。党的十八大以后到 2017 年的 5 年中,第十二届全国人民代表大会及其常委会新制定法律 20 件,通过修改法律的决定 39 件、涉及修改法律 100 件,废止法律 1 件,作出法律解释 9 件,有关法律问题的决定 34 件。2018 年,第十三届全国人大一次会议审议通过宪法修正案,制定监察法,通过有关重大问题的决定事项 4 件;全国人大常委会制定法律 8 件,修改法律 47 件次,通过有关法律问题和重大问题的决定 9 件。2019 年,中国特色社会主义法律体系更加完善,重要领域立法成果突出,全国人大及其常委会制定法律 6 件,修改法律 16 件,通过有关法律问题和重大问题的决定 8 件。截至 2019 年 12 月底,中国现行有效的法律共 274 件。2020 年,全国人大及其常委会制定法律 9 件,修改法律 12 件,通过有关法律问题和重大问题的决定 12 件。

根据全国人大常委会发布的数据,截至 2021 年年初,我国现行有效法律 274 件、行政法规 600 余件、地方性法规 1 万余件,以宪法为核心的中国特色社会主义法律体系形成并不断完善,为改革开放和社会主义现代化建设提供了坚实的法制保障。具体而

---

① 李适时:《新时代立法工作的新成就、新特点》,《中国人大》2018 年第 2 期。

言，在《中华人民共和国民法典》从 2021 年 1 月 1 日起施行后，《婚姻法》《继承法》《民法通则》《收养法》《担保法》《合同法》《物权法》《侵权责任法》《民法总则》等 9 部民事法律已同时废止，我国现行有效法律数量发生较大变化。截至 2021 年年初，目前的 274 件法律中，宪法 1 件（宪法和 5 个宪法修正案计为 1 件）、宪法相关法 46 件、民法商法 23 件、行政法 92 件、经济法 75 件、社会法 25 件、刑法 1 件（刑法、11 个刑法修正案和全国人大常委会关于惩治骗购外汇、逃汇和非法买卖外汇犯罪的决定计为 1 件）、诉讼与非诉讼程序法 11 件（每件法律无论修改几次均计为 1 件）。①

二、推进科学立法、民主立法

"良法是善治的基础和前提"，更重要的是，除了法律体系的完善与立法数量的大幅度增加以外，党的十八大以来，我国在推进科学立法、民主立法方面取得显著的成就，科学立法、民主立法成为提高立法质量的根本途径。从理论上分析，科学立法的核心在于尊重和体现客观规律，民主立法的核心在于开门立法，立法为了人民、依靠人民，在立法过程中应当充分吸收人民群众的意见、建议。2015 年 3 月 15 日，十二届全国人大三次会议通过了《关于修改〈中华人民共和国立法法〉的决定》，从实现立法和改革决策相衔接、设区的市地方立法、税收法定、完善立法程

---

① 《法工委发言人：我国现行有效法律共 274 件》，见 http://www.npc.gov.cn/npc/c30834/202101/9a4eb008bb6f4d848ece1de9f660c44f.shtml。

序、加强备案审查等方面对立法法进行了部分修改完善。

2014年，党的十八届四中全会通过的《中共中央关于全面推进依法治国若干重大问题的决定》强调，"健全有立法权的人大主导立法工作的体制机制，发挥人大及其常委会在立法工作中的主导作用"。《立法法》第51条规定："全国人民代表大会及其常务委员会加强对立法工作的组织协调，发挥在立法工作中的主导作用。"党的十九大报告指出，发挥人大及其常委会在立法工作中的主导作用。长期以来，各级政府在立法起草环节中扮演重要角色，但也存在立法工作中部门化倾向、争权诿责现象，一定程度上影响了立法的科学性和民主性。强调人大在立法中的主导作用，指向的正是"国家权力的部门化、部门权力的利益化、部门利益的法制化"等问题。当然，由政府部门承担一些立法任务也具有合理性，政府部门社会治理经验丰富，具有相应的立法资源。人大立法主导作用应当体现在法案立项、起草把关、审议把关、决定通过等关键环节，同时充分发挥政府在行政管理方面的专业特长和实际经验。党的十八大以来，我国更加重视充分发挥人大及其常委会在立法工作中的主导作用，重要法律草案由全国人大相关专门委员会、全国人大常委会法工委组织有关部门参与起草，重要行政管理法律法规由政府法制机构组织起草，从体制机制和工作程序上有效防止了过去一段时期内存在的立法中的部门利益化和地方保护主义问题，体现了科学立法的要求。

党的十八大以来，推进科学立法、民主立法的成就还体现在改革立法体制机制，建立科学的立法程序上，其中比较重要的是扩大地方立法权。1979年,第五届全国人民代表大会第二次会议通过《地方各级人民代表大会和地方各级人民政府组织法》,依法赋予省、自治区、直辖市人大及其常委会以地方立法权;1986年,通过修法赋予较大的市人大常委会制定地方性法规的权力;2000年通过的《立法法》进一步赋予经济特区所在地的市地方立法权;党的十八届四中全会决定提出"依法赋予设区的市地方立法权",根据党的十八届四中全会精神,2015年,第十二届全国人民代表大会第三次会议通过《关于修改〈中华人民共和国立法法〉的决定》,赋予所有设区的市以地方立法权。2015年《立法法》的修改标志着我国的立法正从追求数量向更加注重质量转变,成为我国迈向"良法善治"的重要里程碑。根据统计,截至2017年4月底,全国新赋予地方立法权的市和自治州已经审议通过地方性法规369件。地方立法正在地方治理中发挥积极作用,解决了全国性立法难以衡量地方性的特殊问题的难题,我国的立法体制进一步完善,立法权配置更加科学。①

在立法中更加重视发挥专家学者的作用,也是科学立法、民主立法的重要表现形式。党的十八大以来,我国立法工作机构在立法实践中采用多种形式,广泛听取学术界的意见建议。例如,邀请专家学者参加座谈会、研讨会,向法学学术团体和法学教学研究机构书面征求意见,还就某些争议较大的问题请专家学者提供咨询意见。立法过程中,更加体现了专家学者参与立法的成

---

① 《锻造治国重器,以良法促善治——党的十八大以来立法工作成就综述》,《法制日报》2017年8月22日,第1版。

效，推进了科学立法机制的不断完善。

第二节　地方立法的成就

一、地方立法权的扩大

党的十八大以来，地方立法权的扩大是完善立法体制的重要举措，对于提高立法治理，完善社会治理具有重要的意义。在2015年《立法法》修改之前，除省级之外，地方立法权仅为省、自治区的人民政府所在地的市、经济特区所在地的市和经国务院批准的较大的市所享有，这些市被统称为"49个较大的市"。在相当长的时期内一些地级市梦寐以求希望成为"较大的市"，以获得地方立法权，但难度很大。2015年3月，十二届全国人大三次会议修改《立法法》，赋予所有设区的市地方立法权。2018年3月，十三届全国人大一次会议通过《宪法修正案》，进一步确认了设区的市具有地方立法权的宪法地位，这就解决了长期以来存在的地方立法权主体有限的问题。

在2015年修改《立法法》前，根据地方组织法和立法法的原规定，我国共有49个享有地方立法权的较大的市，包括27个省会市、18个经国务院批准的较大的市以及4个经济特区所在地的市，尚没有地方立法权的市有235个。18个经国务院批准的较大的市包括唐山、大同、包头、大连、鞍山、抚顺、吉林、齐齐哈尔、无锡、淮南、青岛、洛阳（1984年10月批准，重庆市是在这一批公布的,已经升格为直辖市),宁波(1988年3月批准),淄博、邯郸、本溪(1992年7月批准),徐州、苏州(1993年4月批准)。2015年《立法法》修改,赋予所有设区的市地方立法权,同时根据全国人大代表审议意见,将原立法法中使用的"较大的市"概念表述修改为"设区的市"。2018年,通过修改宪法在宪法中赋予设区的市地方立法权,明确地方立法权限和范围,进一步完善了我国立法体制。截至2020年,享有地方立法权的主体在原有31个省(自治区、直辖市)和49个较大的市的基础上,又增加274个,包括240个设区的市、30个自治州和4个未设区的地级市。一是在自治州人民代表大会可以依法制定自治条例、单行条例的基础上,《关于修改〈中华人民共和国立法法〉的决定》相应赋予30个自治州人大及其常委会制定地方性法规的职权。二是广东省东莞市和中山市、甘肃省嘉峪关市、海南省三沙市属地级市,虽不设区,但按照赋予设区的市地方立法权的精神,仍赋予地方立法权。

设区的市地方立法权限,是2015年《立法法》修改过程中的焦点问题之一。2014年8月,《立法法修正案(草案)》一审稿规定:"较大的市制定地方性法规限于城市建设、市容卫生、环境保护等城市管理方面的事项。"2014年12月二审稿规定:较大的市可以"对城市建设、城市管理、环境保护等方面的事项,制定地方性法规,但法律对较大的市制定地方性法规的事项另有规定的除外"。2015年3月提交全国人民代表大会审议的《立法法修正案(草案)》规定:较大的市"对城市建设、城市管理、环境保护等方面的事项,制定地方性法规,但法律对较大的市制定地方性法规的事项另有规定的除外"①。最后的修改方案既考虑到适应地方的实际需要,又明确了地方立法权限和范围,以维护法制统一。2015年《立法法》在依法赋予所有设区的市地方立法权的同时,明确设区的市可以对"城乡建设与管理、环境保护、历史文化保护等方面的事项"制定地方性法规,法律对较大的市制定地方性法规的事项另有规定的,从其规定。这一方面对新赋予地方立法权的设区的市立法事项作出规范,另一方面也对原较大的市今后立法的事项范围作出规范。

二、地方立法成就

在2015年《立法法》修改以后,地方立法主体大大增加。截至2020年8月,我国享有地方立法权的设区的市、自治州共322个,包括289个设区的市、30个自治州和3个不设区的地级市。其中,除去49个原"较大的市"之外,《立法法》修改后新赋予地方立法权的设区的市目前共有273个。289个设区的市,包括:(1)《立法法》修改前即具有"较大的市"立法权的设区的市,共49个;(2)《立法法》修改后获得地方立法权的设区的市240个。2015年《立法法》修正案通过时,设区的市共有284个。《立法法》修改后,国务院又先后批准设立了西藏林芝、山南、那曲,新疆吐鲁番、哈密和海南三沙等6个设区的市。2019年2

---

① 武增:《2015年〈立法法〉修改背景和主要内容解读》,《中国法律评论》2015年第1期。

月，经国务院批准，撤销莱芜市，将其所辖区划归济南市管辖。[1]

截至 2020 年 8 月，除西藏那曲市外，其余全部 321 个设区的市已制定地方性法规。自 2015 年 3 月至 2020 年 2 月，省级人大常委会共批准设区的市制定地方性法规 1869 件，修改 913 件，其中新赋予地方立法权的设区的市共制定地方性法规 1375 件。[2] 而据统计，从 2019 年 10 月到 2020 年 9 月不到一年的时间内，31 个省（区、市）人大及其常委会共制定地方性法规 263 件，修改 516 件，废止 79 件；批准设区的市、自治州、自治县新制定地方性法规和自治条例、单行条例 581 件，修改 282 件，废止 70 件。

总体分析，"十三五"时期，地方立法围绕党和国家中心工作，根据地方社会经济发展实际，以推进社会治理现代化和法治国家建设为目标，在立法中努力向国家立法看齐，为不断发展完善中国特色社会主义法律体系作出重要贡献，为推进国家治理体系和治理能力现代化发挥重要作用。当前，1 万多件现行有效的地方性法规，内容涉及经济、政治、文化、社会、生态环境等各个方面，成为我国社会主义法律体系的重要组成部分。在地方事权范围内，地方立法在各地发挥"试验田"作用，为国家层面立法积累成熟经验，成为推动相关立法完善的先导。各地在立法实

---

[1] 阚然：《立法法修改五周年设区的市地方立法实施情况回顾与展望》，《中国法律评论》2020 年第 6 期。
[2] 阚然：《立法法修改五周年设区的市地方立法实施情况回顾与展望》，《中国法律评论》2020 年第 6 期。

践中有针对性地开展"小切口"立法，制定某一法律或行政法规的实施细则和办法，为解决好法治通达基层的"最后一公里"问题作出了突出贡献，推动党和国家的决策部署贯彻落实到地方经济社会发展中。伴随地方立法权逐步扩大、立法体制不断完善，地方立法正成为推进地方经济社会发展和民主法治建设的重要方式。

特别是2015年《立法法》修改后，各地方按照"不抵触、有特色、可操作"的要求，从本地的实际出发，努力提高立法精细化精准化水平，在增强地方特色上下功夫，进行了许多有益探索，取得了良好的实施效果。例如，为了加强城乡规划管理，统筹协调城乡空间布局，优化人居环境，保护历史文化和生态资源，促进城乡经济社会全面协调可持续发展，江苏省盐城市人大常委会2017年制定了《盐城市城乡规划条例》。为更好保护长江一级支流黄柏河，湖北省宜昌市人大常委会2017年制定了《宜昌市黄柏河流域保护条例》，以更好地修复黄柏河流域生态、推动流域经济转型升级、改善周边居民生产生活条件。为有效保护商丘古城，河南省商丘市人大常委会2016年制定了《商丘古城保护条例》，这是商丘市获得地方立法权后制定的首部地方性法规。

以疫情防控的相关立法为例，2020年，各地根据疫情防控和经济社会发展需求，地方立法紧密结合地方实际，注重解决实际问题。在疫情发生后，北京、天津等20余个省（区、市）及时做出了有关依法防控疫情方面的决定；湖北等地及时制定、修改有关野生动物保护的决定或法规,部分地方还做出了禁食野生动物的决定;北京等地加强突发公共卫生事件应急立法;安徽等地出台法规加强医疗卫生管理。为了给疫情防控提供有力的法律保障,浙江省人大常委会启动"紧急立法"。2020年2月7日,浙江省十三届人大常委会第十八次会议表决通过《浙江省人民代表大会常务委员会关于依法全力做好当前新型冠状病毒感染肺炎疫情防控工作的决定》。在不与宪法、法律、行政法规相抵触等前提下,《决定》授权县级以上人民政府规定临时性应急行政管理措施;明确浙江省各级法院、检察院应当依法严惩各类妨碍疫情防控的违法犯罪行为。山西、浙江、河南、吉林等地还在优化营商环境、保护企业权益、促进科技创新、公民权益保护等方面出台了相关决定或法规。例如浙江是数字经济大省,但当前数字基础设施建设缺乏规划引领、低水平重复建设、共建共享程度不高等突出问题也亟待解决。2020年12月24日,《浙江省数字经济促进条例》获得通过,于2021年3月1日起施行,这也是全国首部以促进数字经济发展为主题的地方性法规。[1]

---

[1] 《栗战书在第二十六次全国地方立法工作座谈会上强调 认真学习贯彻习近平法治思想 为全面建设社会主义现代化国家提供法律保障》,《人民日报》2020年11月21日,第3版。

第三节　民法典的制定

2020年5月28日15时08分，十三届全国人大三次会议表决通过了《中华人民共和国民法典》，宣告中国"民法典时代"正式到来。《中华人民共和国民法典》共7编、1260条，各编依次为总则、物权、合同、人格权、婚姻家庭、继承、侵权责任，以及附则。编纂民法典是党的十八届四中全会提出的重大立法任务，是以习近平同志为核心的党中央作出的重大法治建设部署。习近平总书记指出，"党的十八大以来，我们顺应实践发展要求和人民群众期待，把编纂民法典摆上重要日程。党的十八届四中全会作出关于全面推进依法治国若干重大问题的决定，其中对编纂民法典作出部署。之后，我主持3次中共中央政治局常委会会议，分别审议民法总则、民法典各分编、民法典3个草案。在各方面共同努力下，经过5年多工作，民法典终于颁布实施，实现了几代人的夙愿"[①]。

2020年5月29日，习近平总书记在十九届中央政治局第二十次集体学习时的讲话中指出，民法典在中国特色社会主义法律体系中具有重要地位，是一部固根本、稳预期、利长远的基础性法律，对推进全面依法治国、加快建设社会主义法治国家，对发展社会主义市场经济、巩固社会主义基本经济制度，对坚持以人民为中心的发展思想、依法维护人民权益、推动我国人权事业发

---

① 习近平：《充分认识颁布实施民法典重大意义 依法更好保障人民合法权益》，《求是》2020年第12期。

展，对推进国家治理体系和治理能力现代化，都具有重大意义。民法典系统整合了新中国成立70多年来长期实践形成的民事法律规范，汲取了中华民族5000多年优秀法律文化，借鉴了人类法治文明建设有益成果，是一部体现我国社会主义性质、符合人民利益和愿望、顺应时代发展要求的民法典，是一部体现对生命健康、财产安全、交易便利、生活幸福、人格尊严等各方面权利平等保护的民法典，是一部具有鲜明中国特色、实践特色、时代特色的民法典。

编纂民法典是对我国现行的、制定于不同时期的民法通则、物权法、合同法、担保法、婚姻法、收养法、继承法、侵权责任法和人格权方面的民事法律规范的全面系统的编订纂修，形成一部具有中国特色、体现时代特点、反映人民意愿的民法典。可以说，民法典的制定是党的十八大后我国立法成就的显著体现，也是我国推进全面依法治国，实现2035年远景目标的重要保障。在国际上，在具有大陆法系特征的国家里，民法典具有极其特殊的地位。以法国民法典为例，拿破仑曾经说过："我这一生最骄傲的事，并不是打赢了四十场战役，而是颁布了这部民法典。"我国民法典的颁布是具有重大历史和现实意义的立法成就，也是为推进世界法治发展贡献中国智慧和中国方案的直接体现，民法典的贯彻实施是未来法治国家、法治政府、法治社会建设的重要内容。

一、民法典的立法过程

2020年5月29日，习近平总书记在十九届中共中央政治局第二十次集体学习时的讲话中凝练地概括了民法典的立法过程，在我国革命、建设、改革各个历史时期，我党都高度重视民事法律制定实施。革命战争年代，我党在中央苏区、陕甘宁边区等局部地区就制定实施了涉及土地、婚姻、劳动、财经等方面的法律。新中国成立后，我国相继制定实施了《婚姻法》《土地改革法》等重要法律和户籍、工商业、合作社、城市房屋、合同等方面的一批法令。我党还于1954年、1962年、1979年、2001年4次启动制定和编纂民法典相关工作，但由于条件所限没有完成。改革开放以来，我国民事商事法制建设步伐不断加快，先后制定或修订了《中外合资经营企业法》《婚姻法》《经济合同法》《商标法》《专利法》《涉外经济合同法》《继承法》《民法通则》《土地管理法》《企业破产法》《外资企业法》《技术合同法》《中外合作经营企业法》《著作权法》《收养法》《公司法》《担保法》《保险法》《票据法》《拍卖法》《合伙企业法》《证券法》《合同法》《农村土地承包法》《物权法》《侵权责任法》等一大批民事商事法律，为编纂民法典奠定了基础、积累了经验。

新中国成立以后，曾先后于1954年、1962年、1979年和2001年4次启动过民法典制定工作，但由于缺乏成熟的社会经济环境，以及缺乏足够的共识和理论准备，这四次编纂都没有成功。第一次和第二次由于时代条件的限制，未能取得实际成果。1979年11月，第五届全国人大常委会法制委员会成立由杨秀峰任组长、陶希晋任副组长的"民法起草小组",从全国调集一批民法学者和实务部门的民法专家,第三次开始民法起草工作。[①] 但是,由于当时刚刚改革开放,民法典赖以存在的社会经济发展处于一种持续不定的改革状态,编纂民法典存在难以克服的困难,制定一部完备的民法典条件还不具备。彭真、习仲勋等领导同志深入研究后,决定按照"成熟一个通过一个"的工作思路,确定先制定民事单行法律,逐步积累、总结、提高,《商标法》(1982年)、《专利法》(1984年)、《继承法》(1985年)、《涉外经济合同法》(1985年)等民事单行法先后被制定出来。在1992年,建立社会主义市场经济体制的经济体制改革目标明确提出后,《担保法》(1995年)、《拍卖法》(1996年)、《合同法》(1999年)、《农村土地承包法》(2002年)、《物权法》(2007年)、《侵权责任法》(2009年)等重要的民事单行法先后制定,包含重要民法规范的《产品质量法》(1993年)、《消费者权益保护法》(1993年)、《城市房地产管理法》(1994年)、《招标法》(1999年)等法律也制定实施。至2011年3月10日全国人大常委会委员长吴邦国向第十一届全国人民代表大会四次会议作工作报告时宣布"中国特色社会主义法律体系已经形成"时,我国已经形成以《民法通则》为统帅,民事单行法为支柱,其他法律行政法规中的民法规范及最高人民法院的司法解释为补充的民事法律体系。

2001年,我国第四次启动了民法典的编纂工作,九届全国

[①] 朱广新:《民法法典化的历程与特色》,《中国法律评论》2020年第3期。

人大常委会组织起草了《中华人民共和国民法（草案）》，并于2002年进行了一次审议。后来，立法机关确定仍继续采取分别制定单行法的办法。

2014年10月召开的党的十八届四中全会提出完善社会主义市场经济法律体系，并明确提出了编纂民法典的目标，第五次民法典编纂正式启动。编纂民法典是"一项复杂的系统工程"。在此之前，我国已先后制定了《婚姻法》《继承法》《民法通则》《收养法》《担保法》《合同法》《物权法》《侵权责任法》等民事立法，逐步形成了比较完整的民事法律规范体系，为编纂民法典奠定了基础。第五次编纂民法典确定了"两步走"的工作思路：第一步，首先制定民法总则，作为民法典的总则编；第二步是编纂民法典各分编，经全国人大常委会审议和修改完善后，再与民法总则合并为一部完整的民法典草案。2015年3月，全国人大常委会法制工作委员会启动民法典编纂工作，着手第一步的民法总则制定工作。以1986年制定的民法通则为基础，立法机关系统梳理总结了有关民事法律的实践经验，提炼民事法律制度中具有普遍适用性和引领性的规则，形成《民法总则（草案）》，2016年6月、10月、12月，全国人大常委会先后3次审议了《民法总则（草案）》。2017年3月，第十二届全国人民代表大会第五次会议表决通过了《中华人民共和国民法总则》，完成了民法典编纂工作中重要的第一步。2018年8月，民法典编纂迈出"第二步"，物权编、合同编、人格权编、婚姻家庭编、继承编、侵权责任编草案提请十三届全国人大常委会第五次会议审议。2018年

12月、2019年4月、2019年6月、2019年8月、2019年10月，十三届全国人大常委会第七次、第十次、第十一次、第十二次、第十四次会议对各分编草案进行了拆分审议。2019年11月，宪法和法律委员会对包括民法总则编和各分编在内的《民法典（草案）》进行了审议，并作出进一步修改后，提交2019年12月十三届全国人大常委会第十五次会议进行审议。

党的十九大明确提出要保护人民人身权、财产权、人格权。民法典编纂前的民事立法中的有些规范已经滞后，难以适应人民日益增长的美好生活需要。编纂民法典可以健全和充实民事权利种类，形成更加完备的民事权利体系，完善权利保护和救济规则，形成规范有效的权利保护机制，对于更好地维护人民权益，不断增加人民群众的获得感、幸福感和安全感，促进人的全面发展，具有十分重要的意义。2019年12月，"完整版"中国民法典草案首次亮相。2020年5月28日，十三届全国人大三次会议正式通过了《中华人民共和国民法典》（以下简称《民法典》）。第五次民法典编纂取得圆满成功，成为十八大以后立法成就的典型样本。

二、《民法典》的主要内容

《民法典》共7编1260条，是我国法律体系中条文最多、体量最大、篇章结构最复杂的一部法律。各编依次为总则、物权、合同、人格权、婚姻家庭、继承、侵权责任，以及附则，总字数达106600余字。

《民法典》规定的主要内容包括民事活动必须遵循的基本原则、民事主体制度、监护制度、民事权利制度、民事法律行为和代理制度、民事责任制度、诉讼时效制度、物权制度、合同制度、担保制度、人格权保护制度、婚姻家庭制度、收养制度、继承制度、侵权责任制度等。这些制度是民商事法律中的基础性规范,为调整各种民事关系、解决民事纠纷、化解社会矛盾、促进社会和谐和经济社会发展奠定了坚实的法治基础。

总体上,《民法典》在现行《民法通则》《物权法》《合同法》《担保法》《婚姻法》《收养法》《继承法》《侵权责任法》的基础上,总结实践经验,坚持问题导向,体现时代特点,进行了很多制度创新。[1]

(一)《民法典》总则编主要内容

《民法典》的第一编"总则"规定民事活动必须遵循的基本原则和一般性规则,统领《民法典》各分编。第一编基本保持现行民法总则的结构和内容不变,根据法典编纂体系化要求对个别条款做了文字修改,并将"附则"部分移到《民法典(草案)》的最后。第一编共 10 章、204 条,主要内容有:第一编第一章规定了民法典的立法目的和依据。其中,将"弘扬社会主义核心价值观"作为一项重要的立法目的,体现坚持依法治国与以德治国相结合的鲜明中国特色(第一条)。同时,规定了民事权利及其他合法权益受法律保护,确立了平等、自愿、公平、诚

---

[1] 黄薇:《民法典的主要制度与创新》,《中国人大》2020 年第 13 期。

信、守法和公序良俗等民法基本原则（第四条至第八条）。为贯彻习近平生态文明思想，将绿色原则确立为民法的基本原则，规定民事主体从事民事活动，应当有利于节约资源、保护生态环境（第九条）。

民事主体是民事关系的参与者、民事权利的享有者、民事义务的履行者和民事责任的承担者，具体包括三类：一是自然人。自然人是最基本的民事主体。《民法典》规定了自然人的民事权利能力和民事行为能力制度、监护制度、宣告失踪和宣告死亡制度，并对个体工商户和农村承包经营户做了规定（第一编第二章）。结合此次疫情防控工作，对监护制度做了进一步完善，规定因发生突发事件等紧急情况，监护人暂时无法履行监护职责，被监护人的生活处于无人照料状态的，被监护人住所地的居民委员会、村民委员会或者民政部门应当为被监护人安排必要的临时生活照料措施（第三十四条第四款）。二是法人。法人是依法成立的，具有民事权利能力和民事行为能力，依法独立享有民事权利和承担民事义务的组织。《民法典》规定了法人的定义、成立原则和条件、住所等一般规定，并对营利法人、非营利法人、特别法人三类法人分别做了具体规定（第一编第三章）。三是非法人组织。非法人组织是不具有法人资格，但是能够依法以自己的名义从事民事活动的组织。总则编对非法人组织的设立、责任承担、解散、清算等做了规定（第一编第四章）。

在民事主体的分类上，与《民法通则》相比，《民法典》有两个方面的重大创新：一是主体分类。在民事主体的分类上，

《民法通则》采取的是公民、法人二元结构；《民法典》吸纳了我国改革开放 40 多年来民事立法、民事司法和民法理论研究的成果，将民事主体分为自然人、法人和非法人组织三元结构，将非法人组织，包括个人独资企业、合伙企业、不具有法人资格的专业服务机构等作为自然人、法人以外的第三类民事主体。二是法人分类。《民法通则》将法人分为企业法人、机关法人、事业单位法人和社会团体法人四种类型。随着我国经济社会的发展，法人的类型日益多样化，出现了民办学校、民办医院、基金会、农村集体经济组织、城镇农村的合作经济组织等新型组织，不能被《民法通则》所规定的四种类型涵盖。针对这一问题，《民法典》对法人制度的分类予以进一步完善，按照法人设立目的和功能的不同，将一般法人分为营利法人和非营利法人，同时建立特别法人制度，以涵盖机关法人、农村集体经济组织法人、基层群众性自治组织法人、城镇农村的合作经济组织法人等具有中国特色的法人类型，是法人制度的重大发展。[1]

保护民事权利是民事立法的重要任务。第一编第五章规定了民事权利制度，包括各种人身权利和财产权利。为建设创新型国家，《民法典》对知识产权做了概括性规定，以统领各个单行的知识产权法律（第一百二十三条）。同时，对数据、网络虚拟财产的保护做了原则性规定（第一百二十七条）。此外，还规定了民事权利的取得和行使规则等内容（第一百二十九条至第一百三

---

[1]　黄薇：《民法典的主要制度与创新》，《中国人大》2020 年第 13 期。

十二条)。

民事法律行为是民事主体通过意思表示设立、变更、终止民事法律关系的行为，代理是民事主体通过代理人实施民事法律行为的制度。第一编第六章、第七章规定了民事法律行为制度、代理制度：一是规定民事法律行为的定义、成立、形式和生效时间等（第一编第六章第一节）。二是对意思表示的生效、方式、撤回和解释等做了规定（第一编第六章第二节）。三是规定民事法律行为的效力制度（第一编第六章第三节）。四是规定了代理的适用范围、效力、类型等代理制度的内容（第一编第七章）。

民事责任是民事主体违反民事义务的法律后果，是保障和维护民事权利的重要制度。诉讼时效是权利人在法定期间内不行使权利，权利不受保护的法律制度，其功能主要是促使权利人及时行使权利、维护交易安全、稳定法律秩序。第一编第八章、第九章、第十章规定了民事责任、诉讼时效和期间计算制度：一是规定了民事责任的承担方式，并对不可抗力、正当防卫、紧急避险、自愿实施紧急救助等特殊的民事责任承担问题做了规定（第一编第八章）。二是规定了诉讼时效的期间及其起算、法律效果，诉讼时效的中止、中断等内容（第一编第九章）。三是规定了期间的计算单位、起算、结束和顺延等（第一编第十章）。

(二)《民法典》物权编主要内容

2007年第十届全国人民代表大会第五次会议通过了物权法。民法典物权编在原物权法基础上，按照党中央提出的完善产权保护制度，健全归属清晰、权责明确、保护严格、流转顺畅的现代产权制度的要求，进一步完善了物权法律制度。物权编共 5 个分编、20 章、258 条。

在民法典编纂过程中，有意见反映，当前的居民小区管理存在业主大会、业主委员会成立难，业主作决议表决难，公共维修资金使用难，以及小区内违法行为管理难等问题。《民法典》明确政府有关部门、居民委员会对设立业主大会、选举业主委员会的指导和协助职责，降低业主决定共同事项的表决比例要求，规定紧急情况下使用公共维修资金的特别程序，明确有关部门对小区内发生的私搭乱建等违法行为依法查处等。

依照《物权法》第七十六条规定，业主共同决定筹集和使用建筑物及其附属设施的维修资金等特别重大的事项，应当经专有部分占建筑物总面积三分之二以上的业主且占总人数三分之二以上的业主同意。决定一般重大事项，应当经专有部分占建筑物总面积过半数的业主且占总人数过半数的业主同意。依照第二百七十八条第二款的规定，业主共同决定事项，应当由专有部分面积占比三分之二以上的业主且人数占比三分之二以上的业主参与表决。决定特别重大事项，应当经参与表决专有部分面积四分之三以上的业主且参与表决人数四分之三以上的业主同意。决定特别重大事项以外的其他事项，应当经参与表决专有部分面积过半数的业主且参与表决人数过半数的业主同意。这既保证了与决定事项有利害关系的业主能够有效参与，又适当降低了作出决议的整体条件。表决特别重大事项的门槛，降到了全体的二分之一；表决一般重大事项的门槛，降到了全体的三分之一。同时，按照立法本意，这一条规定的"参与表决"，也可以通过网络、电话、传真等通信手段，采取简易方式进行。《物权法》第七十六条将"筹集和使用建筑物及其附属设施的维修资金"作为特别重大事项处理，适用较高的表决门槛。物权编第二百七十八条，将"筹集"和"使用"分开。"筹集建筑物及其附属设施的维修资金"仍然属于特别重大事项，适用较高的表决门槛，而将"使用建筑物及其附属设施的维修资金"修改为一般重大事项，适用较低的表决门槛。物权编还明确"住改商"须经有利害关系的业主一致同意。[①]

实践中，一些物业服务企业等未征求业主意见擅自改变建筑物及其区划内共有部分的用途或者利用建筑物外墙、电梯张贴广告等营利。物权编在第二百七十八条中规定，"改变共有部分的用途或者利用共有部分从事经营活动"应当由业主共同决定。同时，物权编第二百八十二条明确，建设单位、物业服务企业或者其他管理人等利用业主的共有部分产生的收入，在扣除合理成本之后，属于业主共有。

物权编完善了用益物权制度，增加规定居住权。物权法规定了建设用地使用权、土地承包经营权、宅基地使用权、地役权四种用益特权，民法典物权编在此基础上，增加规定了居住权这一新的用益物权。居住权是指居住权人有权按照合同约定或者遗嘱，对他人的住宅享有占有、使用的权利，以满足生活居住的需

---

① 杜涛:《民法典物权编的主要制度与创新》,《中国人大》2020 年第 14 期。

要。民法典物权编增加规定居住权主要是为了贯彻党的十九大提出的建立多主体供给、多渠道保障、租购并举的住房制度要求，保护民事主体对住房保障的灵活安排，为老年人以房养老提供法律依据。居住权可以通过合同或者遗嘱的方式自登记时设立，也可以根据人民法院的判决设立。设立居住权的目的是占有、使用他人的住宅，稳定地满足生活居住的需要，居住权原则上应当无偿设立，居住权不得转让不得继承，一般也不得出租。如果没有确定居住权的期限，则居住权人死亡时居住权消灭。

关于建设用地使用权，民法典物权编第三百五十九条第一款规定："住宅建设用地使用权期限届满的，自动续期。续期费用的缴纳或者减免，依照法律、行政法规的规定办理。""住宅建设用地使用权期限届满的，自动续期"这句话是《物权法》第一百四十九条第一款的原有规定。"续期费用的缴纳或者减免，依照法律、行政法规的规定办理"这句话是这次编纂民法典新增加的内容。

物权编第三百三十九条是关于土地经营权流转方式的规定，即承包地的承包方可以自主决定依法采取出租（转包）、入股或者其他方式向他人流转土地经营权。第三百四十条是关于土地经营权内容的规定，即土地经营权人有权在合同约定的期限内占有农村土地，自主开展农业生产经营并取得收益。第三百四十一条是关于土地经营权物权效力的规定，即流转期限为五年以上的土地经营权，当事人可以向登记机构申请登记；未经登记，不得对抗善意第三人。"善意"指的是不知情。

物权编还完善了担保物权制度，为优化营商环境提供法治保障。"法治是最好的营商环境"，为了优化营商环境，民法典在担保物权制度方面进行了制度创新便利企业融资，主要有：扩大担保合同范围，明确所有权保留、融资租赁、保理等非典型担保合同的担保功能；删除有关动产抵押和权利质押具体登记机构的内容，为建立统一的动产抵押和权利质押登记制度留下制度空间；明确实现担保物权的统一受偿规则等。

物权编结合疫情防控工作，增加了一些规定，如在征用组织、个人的不动产或者动产的事由中增加"疫情防控"。物权编第二百四十五条规定，因抢险救灾、疫情防控等紧急需要，依照法律规定的权限和程序可以征用组织、个人的不动产或者动产。被征用的不动产或者动产使用后，应当返还被征用人。组织、个人的不动产或者动产被征用或者征用后毁损、灭失的，应当给予补偿。物权编第二百八十五条、第二百八十六条明确了物业服务企业和业主的相关责任和义务，增加规定物业服务企业或者其他管理人应当执行政府依法实施的应急处置措施和其他管理措施，积极配合开展相关工作，业主应当依法予以配合。

（三）《民法典》合同编主要内容

合同编第一分编为通则，规定了合同的订立、效力、履行、保全、转让、终止、违约责任等一般性规则，并在《合同法》的基础上，主要从十个方面完善了合同通则制度：完善法的一般性规则，增加了非合同之债、多数人之债的法律适用规则。完善了合同成立制度，增加规定了电子合同、预约合同、格式条款制度等合同成立方面的制度。完善了国家订货合同制度。进一步完善合同效力制度。

完善了合同履行制度。完善代位权、撤销权等合同保全制度，进一步强化对债权人的保护。细化了债权转让、债务移转制度。增加了债务清偿抵充规则。完善了合同解除规则，新增确认解除效力之诉制度。通过吸收《担保法》有关定金规则的规定，完善违约责任制度。

对电子合同的订立，《民法典》第四百九十一条第二款规定，当事人一方通过互联网等信息网络发布的商品或者服务信息符合要约条件的，对方选择商品或者服务并提交订单成功时合同成立，但是当事人另有约定的除外。对预约合同，《民法典》第四百九十五条规定，当事人约定在将来一定期限内订立合同的认购书、订购书、预订书等，构成预约合同。当事人一方不履行预约合同约定的订立合同义务的，对方可以请求其承担预约合同的违约责任。对格式条款，《民法典》第四百九十六条在《合同法》原有制度的基础上规定了提供格式条款的当事人应当承担的义务方面，格式条款提供者应当遵循公平原则确定当事人之间的权利和义务；另一方面，格式条款提供者负有提示和说明义务，即采取合理的方式提示对方注意免除或者减轻其责任等与对方有重大利害关系的条款，按照对方的要求，对该条款予以说明。在法律后果方面，格式条款提供者未履行提示或者说明义务，致使对方没有注意或者理解与其有重大利害关系的条款的，对方可以主张该条款不成为合同的内容。这一新增制度，极大地丰富了契约正义的内涵，对处于弱势缔约地位的合同当事人提供了法律救济，使合同真正成为当事人的自主决定，将意思自治原则真正落到实处。

在第二分编典型合同部分，《民法典》在《合同法》规定的买卖合同、赠与合同、借款合同、租赁合同等15种典型合同的基础上，增加了4种新的典型合同：吸收了《担保法》中关于保证的内容，增加了保证合同；适应我国保理行业发展和优化营商环境的需要，增加了保理合同；针对物业服务领域的突出问题，增加规定了物业服务合同；增加规定合伙合同。除了增加规定的章节之外，第二分编还在总结《合同法》实践经验的基础上，完善了其他典型合同，主要包括完善买卖合同法律制度；为维护正常的金融秩序，明确规定禁止高利放贷；在租赁合同一章，完善了承租人的优先购买权、买卖不破租赁；维护正常的运输秩序。

第三分编"准合同"分别对无因管理和不当得利的一般性规则做了规定。在《民法通则》规定的基础上，第三分编第二十八章关于无因管理制度的规定细化了无因管理行为的构成要件及法律后果，丰富了无因管理的类型，对于第二十八章没有规定的事项，明确可以准用委托合同的规定。第三分编第二十九章关于不当得利的规定，在总则编第一百二十二条规定的基础上，明确了不当得利的构成要件、法律后果以及排除不当得利返还义务的情形。第三分编进一步规定了善意不当得利人、恶意不当得利人以及第三人的不当得利返还义务及返还范围：得利人不知道且不应当知道取得的利益没有法律根据，取得的利益已经不存在的，不承担返还该利益的义务（第九百八十六条）；得利人知道或者应当知道取得的利益没有法律根据的，受损失的人可以请求得利人返还其取得的利益并依法赔偿损失（第九百八十七条）；得利人已经将取得的利益无偿转让给第三人的，受损失的人可以请求第三人在相应范围内承担返还义务（第九百八十八条）。

（四）《民法典》人格权编主要内容

民法典将人格权制度独立设为一编，强调人格权保护，这既是民法典的一大亮点，又是一个重大的制度创新。党的十九大和十九届二中全会明确提出，保护人民人身权、财产权、人格权。我国宪法明确规定，要尊重和保护公民的人身自由和人格尊严。人格权编规定了人格权的一般规则，并对生命权、身体权和健康权，姓名权和名称权，肖像权，名誉权和荣誉权，隐私权和个人信息保护等做了明确规定，不涉及政治权利和社会权利。

人格权编第一章规定了人格权的一般性规则：一是明确人格权的定义（第九百九十条）。二是规定民事主体的人格权受法律保护，人格权不得放弃、转让或者继承（第九百九十一条、第九百九十二条）。三是规定了对死者人格利益的保护（第九百九十四条）。四是明确规定人格权受到侵害后的救济方式（第九百九十五条至第一千条）。

人格权编第二章规定了生命权、身体权和健康权的具体内容，并对实践中社会比较关注的有关问题做了有针对性的规定：一是为促进医疗卫生事业的发展，鼓励遗体捐献的善行义举，吸收行政法规的相关规定，确立器官捐献的基本规则（第一千零六条）。二是为规范与人体基因、人体胚胎等有关的医学和科研活动，明确从事此类活动应遵守的规则（第一千零九条）。三是近年来，性骚扰问题引起社会较大关注，在总结既有立法和司法实践经验的基础上，规定了性骚扰的认定标准，以及机关、企业、学校等单位防止和制止性骚扰的义务（第一千零一十条）。

人格权编第三章规定了姓名权、名称权的具体内容，并对民事主体尊重保护他人姓名权、名称权的基本义务做了规定：一是对自然人选取姓氏的规则做了规定（第一千零一十五条）。二是明确对具有一定社会知名度，被他人使用足以造成公众混淆的笔名、艺名、网名等，参照适用姓名权和名称权保护的有关规定（第一千零一十七条）。

人格权编第四章规定了肖像权的权利内容及许可使用肖像的规则，明确禁止侵害他人的肖像权：一是针对利用信息技术手段"深度伪造"他人的肖像、声音，侵害他人人格权益，甚至危害社会公共利益等问题，规定禁止任何组织或者个人利用信息技术手段伪造等方式侵害他人的肖像权；并明确对自然人声音的保护，参照适用肖像权保护的有关规定（第一千零一十九条第一款、第一千零二十三条第二款）。二是为了合理平衡保护肖像权与维护公共利益之间的关系，结合司法实践，规定肖像权的合理使用规则（第一千零二十条）。三是从有利于保护肖像权人利益的角度，对肖像许可使用合同的解释、解除等做了规定（第一千零二十一条、第一千零二十二条）。

人格权编第五章规定了名誉权和荣誉权的内容：一是为了

平衡个人名誉权保护与新闻报道、舆论监督之间的关系，对行为人实施新闻报道、舆论监督等行为涉及的民事责任承担，以及行为人是否尽到合理核实义务的认定等做了规定（第一千零二十五条、第一千零二十六条）。二是规定民事主体有证据证明报刊、网络等媒体报道的内容失实，侵害其名誉权的，有权请求更正或者删除（第一千零二十八条）。

人格权编第六章在现行有关法律规定的基础上，进一步强化对隐私权和个人信息的保护，并为下一步制定个人信息保护法留下空间：一是规定了隐私的定义，列明禁止侵害他人隐私权的具体行为（第一千零三十二条、第一千零三十三条）。二是界定了个人信息的定义，明确了处理个人信息应遵循的原则和条件（第一千零三十四条、第一千零三十五条）。三是构建自然人与信息处理者之间的基本权利义务框架，明确处理个人信息不承担责任的特定情形，合理平衡保护个人信息与维护公共利益之间的关系（第一千零三十六条至第一千零三十八条）。四是规定国家机关及其工作人员负有保护自然人的隐私和个人信息的义务（第一千零三十九条）。

（五）《民法典》婚姻家庭编主要内容

我国第一部《婚姻法》于1950年制定。1980年重新制定了《婚姻法》，2001年做过一次修改。1991年制定了《收养法》，1998年做过修改。民法典婚姻家庭编以婚姻法、收养法为基础，在坚持婚姻自由、一夫一妻、男女平等基本原则的前提下，结合社会发展需要，修改了部分规定，并增加了一些新规定。

婚姻家庭编共 5 章 79 条，包括一般规定、结婚、家庭关系、离婚和收养五部分。第一章重申了婚姻自由、一夫一妻、男女平等等婚姻家庭领域的基本原则和规则，并在《婚姻法》基础上做了进一步完善：一是为贯彻落实习近平总书记有关加强家庭文明建设的重要讲话精神，更好地弘扬家庭美德，规定了家庭应当树立优良家风，弘扬家庭美德，重视家庭文明建设。二是为更好地维护被收养的未成年人的合法权益，将联合国《儿童权利公约》关于儿童利益最大化的原则具体落实到收养工作中，明确收养应当遵循最有利于被收养人的原则。三是在立法上首次明确了亲属、近亲属和家庭成员的范围。

第二章规定了婚龄、结婚登记、婚姻效力等基本结婚制度，并在《婚姻法》的基础上，对有关规定做了进一步完善：一是贯彻婚姻自由原则，不再将"患有医学上认为不应当结婚的疾病"作为禁止结婚情形，并相应增加规定一方隐瞒重大疾病的，另一方可以向人民法院请求撤销婚姻。二是将受胁迫一方请求撤销婚姻的期间起算点由"自结婚登记之日起"修改为"自胁迫行为终止之日起"，最大限度保护受胁迫一方合法权益。三是对无效婚姻和可撤销婚姻，增加规定无过错方有权请求损害赔偿，以保障无效婚姻和可撤销婚姻中的合法权益。

第三章分两节规定夫妻关系、父母子女关系和其他近亲属关系，并根据社会发展需要，在《婚姻法》基础上做了进一步完善：一是回应社会关切，明确夫妻共同债务的范围，平等保护债权人利益和夫妻双方利益，兼顾维护交易安全与婚姻家庭稳定。二是规范亲子关系确认和否认之诉，保障未成年人合法权益。

第四章规定了协议离婚和诉讼离婚条件、财产分割、子女抚养、离婚损害赔偿等基本离婚制度，并在《婚姻法》基础上做了进一步完善：一是针对轻率离婚现象增加的现实情况，增设离婚冷静期制度，努力维护婚姻家庭的稳定。二是增加规定，经人民法院判决不准离婚后，双方又分居满一年，一方再次提起离婚诉讼的，应当准予离婚，以进一步保障当事人的离婚自由。三是关于离婚后子女的抚养，借鉴了相关司法解释的规定，将《婚姻法》规定的"哺乳期内的子女，以随哺乳的母亲抚养为原则"修改为"不满两周岁的子女，以由母亲直接抚养为原则"，增强了可操作性。四是将离婚经济补偿从原来的约定财产制扩大到法定共同财产制，以加强对家庭负担较多义务一方权益的保护。五是为克服原离婚损害赔偿规定僵化的问题，增加"有其他重大过错"的适用情形，以进一步保障无过错方的合法权益。

第五章规定了收养关系的成立、效力、解除等基本收养制度。在《收养法》的基础上，从三个主要方面完善了有关制度：一是扩大被收养人范围，将被收养人年龄上限由14周岁统一提高到所有未成年人，保障14周岁以上未成年人的利益。二是与国家计划生育政策的调整相协调，将收养人须无子女的要求修改为收养人无子女或者只有一名子女。三是为进一步强化对被收养人利益的保护，在收养人的条件中增加规定"无不利于被收养人健康成长的违法犯罪记录"，并增加规定民政部门应当依法进行收养评估。

（六）《民法典》继承编主要内容

《民法典》继承编基本上维持了《继承法》的体例，修改幅度并不大，主要是增加了不少创新性和突破性的新规定。

继承编适当扩大法定继承人的范围。《继承法》第十一条规定，被继承人的子女先于被继承人死亡的，由被继承人的子女的晚辈直系血亲代位继承。在这一规定的基础上，民法典继承编第一千一百二十八条第二款增加规定："被继承人的兄弟姐妹先于被继承人死亡的，由被继承人的兄弟姐妹的子女代位继承。"

继承编取消了公证遗嘱的优先效力。《继承法》第二十条规定，立有数份遗嘱，内容相抵触的，以最后的遗嘱为准。自书、代书、录音、口头遗嘱，不得撤销、变更公证遗嘱。民法典继承编第一千一百四十二条保留"立有数份遗嘱，内容相抵触的，以最后的遗嘱为准"的规定，删去了公证遗嘱效力优先的内容。

继承编第四章"遗产的处理"在《继承法》的基础上，进一步完善了有关遗产处理的制度：一是增加遗产管理人制度。民法典继承编用五个条文规定遗产管理人制度，包括遗产管理人的选任、遗产管理人的指定、遗产管理人的职责范围、遗产管理人的报酬请求权以及遗产管理人没有尽职尽责造成损害的赔偿责任。二是完善遗赠扶养协议制度，明确继承人以外的组织或者个人均可以成为扶养人，以满足养老形式多样化需求。三是完善无人继承遗产的归属制度，明确归国家所有的无人继承遗产应当用于公益事业。[①]

（七）《民法典》侵权责任编主要内容

2009年，全国人大常委会通过了《侵权责任法》。《民法典》侵权责任编以《侵权责任法》为基础，总结实践经验，针对侵权领域出现的新情况，吸收借鉴司法解释的有关规定，对侵权责任制度做了必要的补充和完善。第七编共10章、95条，主要有以下内容。

第一，关于一般规定。第七编第一章规定了侵权责任的归责原则、多数人侵权的责任承担、侵权责任的减轻或者免除等一般规则；并在现行《侵权责任法》的基础上做了进一步的完善。一是确立"自甘风险"规则，规定自愿参加具有一定风险的文体活动，因其他参加者的行为受到损害的，受害人不得请求没有故意或者重大过失的其他参加者承担侵权责任（第一千一百七十六条第一款）。二是规定"自助行为"制度，明确合法权益受到侵害，情况紧迫且不能及时获得国家机关保护，不立即采取措施将使其合法权益受到难以弥补的损害的，受害人可以在保护自己合法权益的必要范围内采取扣留侵权人的财物等合理措施，但是应当立即请求有关国家机关处理。受害人采取的措施不当造成他人损害的，应当承担侵权责任（第一千一百七十七条）。

第二，关于损害赔偿。第七编第二章规定了侵害人身权益和财产权益的赔偿规则、精神损害赔偿规则等。同时，在现行《侵

[①] 杜涛：《民法典继承编的主要制度与创新》，《中国人大》2020年第15期。

权责任法》的基础上，对有关规定做了进一步完善：一是完善精神损害赔偿制度，规定因故意或者重大过失侵害自然人具有人身意义的特定物造成严重精神损害的，被侵权人有权请求精神损害赔偿（第一千一百八十三条第二款）。二是为加强对知识产权的保护，提高侵权违法成本，增加规定，故意侵害他人知识产权，情节严重的，被侵权人有权请求相应的惩罚性赔偿（第一千一百八十五条）。

第三，关于责任主体的特殊规定。第七编第三章规定了无民事行为能力人、限制民事行为能力人及其监护人的侵权责任，用人单位的侵权责任，网络侵权责任，以及公共场所的安全保障义务等。同时，在现行《侵权责任法》的基础上做了进一步完善：一是增加规定委托监护的侵权责任（第一千一百八十九条）。二是完善网络侵权责任制度。为了更好地保护权利人的利益，平衡好网络用户和网络服务提供者之间的利益，细化了网络侵权责任的具体规定，完善了权利人通知规则和网络服务提供者的转通知规则（第一千一百九十五条、第一千一百九十六条）。

第四，关于各种具体侵权责任。第七编的其他各章分别对产品生产销售、机动车交通事故、医疗、环境污染和生态破坏、高度危险、饲养动物、建筑物和物件等领域的侵权责任规则做出了具体规定。并在现行《侵权责任法》的基础上，对有关内容做了进一步完善：一是完善生产者、销售者召回缺陷产品的责任，增加规定，依照相关规定采取召回措施的，生产者、销售者应当负担被侵权人因此支出的必要费用（第一千二百零六条第二款）。

二是明确交通事故损害赔偿的顺序，即先由机动车强制保险理赔，不足部分由机动车商业保险理赔，仍不足的由侵权人赔偿（第一千二百一十三条）。三是进一步保障患者的知情同意权，明确医务人员的相关说明义务，加强医疗机构及其医务人员对患者隐私和个人信息的保护（第一千二百一十九条、第一千二百二十六条）。四是贯彻落实习近平生态文明思想，增加规定生态环境损害的惩罚性赔偿制度，并明确规定了生态环境损害的修复和赔偿规则（第一千二百三十二条、第一千二百三十四条、第一千二百三十五条）。五是加强生物安全管理，完善高度危险责任，明确占有或者使用高致病性危险物造成他人损害的，应当承担侵权责任（第一千二百三十九条）。六是完善高空抛物坠物治理规则。为保障好人民群众的生命财产安全，对高空抛物坠物治理规则做了进一步的完善，规定禁止从建筑物中抛掷物品，同时针对此类事件处理的主要困难是行为人难以确定的问题，强调有关机关应当依法及时调查，查清责任人，并规定物业服务企业等建筑物管理人应当采取必要的安全保障措施防止此类行为的发生（第一千二百五十四条）。

三、《民法典》的创新

我国《民法典》是21世纪诞生的新民法典，在世界的民法立法史上具有重要地位。它不仅标志着我国有了成文的民法典，而且在立法体例和立法内容上具有很多方面的重大创新。它适应当代社会的历史潮流和时代发展的要求，为世界民事立法的发展做了很多重要的贡献,在世界民法典之林具有重要的地位。

在立法体例上,《民法典》最大的创新是其独特的七编制结构:总则、物权、合同、人格权、婚姻家庭、继承和侵权责任,新增了单独的合同编、人格权编以及侵权责任编是民法典的重要创新。众所周知,传统的民法典体系,以法国式的三编制(人—财产—取得财产的各种方式)和德国式的五编制(总则—债法—物权—家庭—继承)为代表。相对于这些传统的民法典模式,《民法典》的七编制是立法体例上的重大创新。

其中,人格权的单独成编不仅是立法体例的重大创新,也是立法内容的创新。[①] 人格权在《民法典》中独立成编是对民法典体系与结构的重大发展;从内容来说,在《民法典》中将人格权提升到独立一编的地位,弥补了传统民法典分则中只有财产权而无人格权、"重物轻人"的缺陷,实现了"人物并重"。[②]

《民法典》在体系结构上的另一个重大变革是未设立债法编,而是将其分解为合同编和侵权责任编。以合同编通则代行债法总则的功能,对于非合同之债,如无相关规定可适用合同编通则的有关规定;但根据其性质不能适用的除外(如侵权之债不适用可预见性、抵销等规则)。另外,对于无因管理和不当得利,借鉴

[①] 关于人格权单独成编问题,民法学界有非常激烈的学术争论,相关情况可以参见梁慧星:《民法典编纂中的重大争论——兼评全国人大常委会法工委两个民法典人格权编草案》,《甘肃政法学院学报》2018年第3期。王利明:《民法典编纂中的若干争论问题——对梁慧星教授若干意见的几点回应》,《上海政法学院学报(法治论丛)》,2020第4期。

[②] 石佳友:《中国民法典之体系创新》,《检察日报》2020年6月11日,第3版。

法国法等比较法上的经验，归入"准合同"这一分编，突出了它们与合同之间所存在的逻辑联系。

在立法内容上，《民法典》的创新之处更多。在民事权利制度部分，民法典将各类民事权利进行系统梳理、整合集成，突出对人格权的保护。人格权是民事主体对其特定的人格利益享有的权利，关系到每个人的人格尊严，关系到每个人的体面生活、工作、学习和社会参与。为了贯彻党的十九大和十九届二中全会关于"保护人民人身权、财产权、人格权"的精神，落实我国宪法尊重和保护公民人身自由和人格尊严的要求，《民法典》单独设一编规定人格权制度，加强人格权保护。增加规定了新的权利类型，如隐私权、个人信息受保护的权益，股权和其他投资性权利，数据、网络虚拟财产权益，以及居住权等。《民法典》完善了知识产权制度，明确知识产权的客体，规定权利人就作品、发明、实用新型、外观设计，商标，地理标志，商业秘密，集成电路布图设计，植物新品种和法律规定的其他客体享有专有权利。

在合同编的部分，《民法典》也进行了立法内容的诸多创新。例如，完善电子合同的订立履行规则，明确当事人一方通过信息网络发布的商品或者服务信息符合要求条件的，对方选择该商品或者服务并提交订单成功时合同成立；采用快递物流方式交付的，收货人的签收时间为交付时间；电子合同的标的为提供服务的，生成的电子凭证或者实物凭证中载明的时间为提供服务的时间。又例如，规范格式条款合同，加大对弱势一方的保护。《民法典》规定，采用格式条款订立合同的，提供格式条款的一方应当遵循公平原则确定当事人之间的权利和义务,并采取合理的方式提示对方注意免除或者减轻其责任等与对方有重大利害关系的条款,按照对方的要求,对该条款予以说明。提供格式条款的一方未履行上述义务,致使对方没有注意或者理解与其有重大利害关系的条款的,对方可以主张该条款不成为合同的内容。此外,《民法典》还增加规定4类典型合同,完善典型合同制度。在现行《合同法》规定的买卖合同、租赁合同、借款合同、运输合同等15种典型合同的基础上,为适应现实生活需要,《民法典》增加规定了保证合同、保理合同、物业服务合同、合伙合同等4种典型合同,使典型合同的数量增加至19种。

在婚姻家庭、继承部分,《民法典》完善婚姻家庭和继承制度,维护婚姻家庭的和谐稳定。一是修改禁止结婚的条件,删去现行婚姻法关于患有医学上认为不应当结婚的疾病者禁止结婚的规定,规定一方患有严重疾病的应当在结婚登记前如实告知对方,不如实告知的,对方可以请求撤销该婚姻,以尊重当事人的婚姻自主权。二是增加离婚冷静期的规定,规定了30天的离婚冷静期,在此期间,任何一方可以向登记机关撤回离婚申请。三是吸收司法解释的相关规定,增加夫妻共同债务认定的规则。四是完善收养制度,取消被收养人14岁以下的限制,规定被收养人利益最大化原则,增加规定收养评估制度和收养人无不利于被收养人健康成长的违法犯罪记录这一条件。五是增加规定遗产管理人制度,并修改遗嘱效力规则,删除公证遗嘱效力优先的规定,以尊重被继承人的真实意愿。①

在完善侵权责任制度部分,《民法典》加强了对民事主体的权利救济。在《侵权责任法》的基础上,《民法典》进一步完善了侵权责任的归责原则:一是确立"自甘风险"规则,明确自愿参加具有一定风险的文体活动,因其他参加者的行为受到损害的,受害人不得请求其他参加者承担侵权责任,但是其他参加者对损害的发生有故意或者重大过失的除外。二是规定"自助行为"制度,明确合法权益受到侵害,情况紧迫且不能及时获得国家机关保护,不立即采取措施将使其合法权益受到难以弥补的损害的,受害人可以在保护自己合法权益的必要范围内采取扣留侵权人的财物等合理措施,但是应当立即请求有关国家机关处理。三是完善高空抛物坠物治理规则,保护人民群众的"头顶安全"。明确禁止从建筑物中抛掷物品。从建筑物中抛掷物品或者从建筑物上坠落的物品造成他人损害的,由侵权人依法承担侵权责任;发生此类事件的,公安等机关应当依法及时调查,查清责任人;经调查难以确定具体侵权人的,除能够证明自己不是侵权人的外,由可能加害的建筑物使用人给予补偿。可能加害的建筑物使用人补偿后,有权向侵权人追偿。物业服务企业等建筑物管理人应当采取必要的安全保障措施防止此类事件的发生,否则应当依法承担未履行安全保障义务的侵权责任。②

2020年5月,习近平总书记在中共中央政治局集体学习时

---

① 黄薇:《民法典的主要制度与创新》,《中国人大》2020年第13期。
② 黄薇:《民法典的主要制度与创新》,《中国人大》2020年第13期。

强调,"切实推动民法典实施,以更好推进全面依法治国、建设社会主义法治国家,更好保障人民权益"。习近平总书记还指出:"民法典实施得好,人民群众权益就会得到法律保障,人与人之间的交往活动就会更加有序,社会就会更加和谐。"民法典是权利本位的法,是新时代人民权利的宣言书,民法典的制定是我国立法的重大成就,它的贯彻实施将是未来推进全面依法治国的重要内容,有效实施民法典将是实现法治中国、法治社会、法治政府建设目标的关键性举措。可以说,实现2035年远景目标在很多方面有赖于民法典的有效贯彻,转化为社会经济生活的现实。实施好民法典,就能够将纸面上的法典转化为现实中活的法典,让民法典真正融入我们的生活,让民法典规定的权利转化为社会现实。民法典的有效实施,将让民法典的平等、自愿、契约自由等法治精神真正扎根中国土壤,使其中所蕴含的平等意识、契约精神、诚信观念等直抵人心,成为人们日常生活中的行为准则,化作市场经济的自觉遵循。因此,民法典的制定实施将是实现关于法治建设的2035年远景目标的关键一招。

第三章

法治政府建设成就

第一节　法治政府建设的总体情况

加快建设法治政府，是全面深化改革的迫切需要，更是全面依法治国的重大任务。党的十八大把"法治政府基本建成"确立为到2020年全面建成小康社会的重要目标之一。党的十八届五中全会又进一步明确了这一目标要求。2015年12月，中共中央、国务院印发《法治政府建设实施纲要（2015—2020年）》，规划了建设法治政府的总蓝图、路线图、施工图。

习近平总书记指出"建设法治政府是全面依法治国的重点任务和主体工程"，法治政府建设对于推进全面依法治国具有重要意义。党的十八大以来，我国法治政府建设取得重大成就。例如，"放管服"改革深入推进，营商环境大幅优化；依法行政制度体系不断健全；行政决策科学化、民主化、法治化水平明显提高；严格规范公正文明执法切实加强；行政权力制约和监督全面强化；政府工作更加公开透明；各级政府及其工作人员依法行政意识和能力稳步提高；等等。

中共中央、国务院在《法治政府建设实施纲要（2015—2020年）》提出，经过坚持不懈的努力，到2020年基本建成职能科学、权责法定、执法严明、公开公正、廉洁高效、守法诚信的法治政府。应当说，到2020年，这一目标已经顺利实现，为在2035年完全建成高标准的法治政府奠定了坚实的基础。

按照法治政府建设的路线图，党的十八大后的数年中，"放管服"改革持续推进，国务院先后取消、下放行政审批事项618项，彻底终结了非行政许可审批，极大地激发了市场和社会活力；清单管理全面实行，31个省级政府公布了省市县三级政府部门权力和责任清单；政府法律顾问制度普遍建立，行政决策科学化、民主化、法治化水平进一步提高；行政执法体制改革深入推进，严格规范公正文明执法水平明显提升；法治政府建设考核评价制度正在建立，督促检查力度显著加强。

一、"放管服"改革成效显著

习近平总书记指出："各级政府一定要严格依法行政，切实履行职责，该管的事一定要管好、管到位，该放的权一定要放足、放到位。""放管服"改革，就是简政放权、放管结合、优化服务的简称。"放"即简政放权，降低准入门槛。"管"即创新监管，促进公平竞争。"服"即高效服务，营造便利环境。2015年5月12日，国务院召开全国推进简政放权放管结合职能转变工作电视电话会议，首次提出了"放管服"改革的概念。2016年5月9日，李克强总理在全国推进简政放权放管结合优化服务改革电视电话会议上指出,"'放管服'改革实质是政府自我革命,要削手中的权、去部门的利、割自己的肉。计利当计天下利,要相忍为国、让利于民,用政府减权限权和监管改革,换来市场活力和社会创造力释放。以舍小利成大义、以牺牲'小我'成就'大我'"。2020年5月22日,国务院总理李克强在发布的2020年国务院政府工作报告中提出,"放管服"改革纵深推进。

从理论上分析,"放管服"改革是从政府与市场关系的关键环节入手,以政府"有形之手"解放市场"无形之手",使其充分发挥作用,进而撬动经济社会各领域的改革。对于法治政府建设而言,"放管服"改革触利益、动格局,看似"小切口",实则"大成效",持续深化"放管服"改革对推进政府治理体系和治理能力现代化具有重要作用。

"放管服"改革作为转变政府职能的重大举措,主要是指围绕处理好政府与市场关系,简政放权、放管结合、优化服务三管齐下推动政府职能转变,优化营商环境,以激发市场活力和社会创造力,促进经济持续健康发展。简政放权是以减少行政审批为主要抓手,将不该由政府管理的事项交给市场、企业和个人,减少政府的微观管理,减少政府对资源的直接配置和对经济活动的直接干预,激发市场主体的活力;放管结合就是在简政放权的同时加强事中事后监管,从"严进宽管"转向"宽进严管",转变监管理念,创新监管方式,强化公正监管,维护公平竞争的市场秩序;优化服务就是强化服务意识、创新服务方式,优化办事流程,推行互联网+政务服务,提升政务服务水平,为企业和公众提供高效便捷的政府服务。①

党的十八大以来,"放管服"改革给企业带来的红利实实在在,成绩有目共睹。与过去相比,办企业的手续少了,证照办理时间大大缩减;创业多了,2016 年,全国平均每天新增登记企业 1.51 万户,比 2013 年改革前翻了一番,各类创业创新主体呈爆发式增长。国家统计局 2016 年第四季度对全国 9 万家规模以上工业企业开展的问卷调查显示,简政放权同创新支持、减税降费一起,成为企业获得感最强的三大政策措施。在 2013 年至 2017 年的 5 年中,国务院部门累计取消和下放行政审批事项 618 项,"非行政许可审批"概念成为历史;国务院各部门设置的职业资格削减 70% 以上,中央层面核准的投资项目数量累计减少 90%。②

"放管服"改革要聚焦优化营商环境,着力打造市场化法治化国际化的营商环境,而我国在全球营商环境排名中的不断攀升是"放管服"改革成效显著的最有力证明。2019 年 10 月 24 日,世界银行发布《全球营商环境报告 2020》。报告显示,由于大力推进各项改革议程,中国已连续两年跻身全球营商环境改善幅度最大的十个经济体之一,在满分 100 分中得分 77.9 分,比 2018 年提高 4.26 分;排名跃居全球第 31 位,比 2018 年提升 15 位。报告特别指出,中国的施工许可证办理流程取得了显著改善,提

---

① 沈荣华:《推进"放管服"改革:内涵、作用和走向》,《中国行政管理》2019 年第 7 期。
② 《把权力关进制度的笼子里》,《法制日报》2017 年 8 月 24 日,第 1 版。

升了该指标在全球的排名。目前，在中国办理施工许可证耗时111天，在该指标的质量指数上得到15分的满分，高于东亚地区132天和9.4分的平均水平。此外，中国加强了对少数投资者的保护机制，全球排名上升至第28位，高于地区平均排名的99位和经济合作与发展组织高收入经济体平均排名的46位。在2020年改革基础上，中国目前在获得电力方面全球排名第12位，显著好于地区其他经济体。中国企业接电需要2个环节，耗时32天，仅为地区平均4.2个环节和耗时63天的一半左右。[1]

二、权力清单制度改革基本完成

2013年，党的十八届三中全会要求推行地方各级政府及其工作部门权力清单制度，依法公开权力运行流程。2014年，党的十八届四中全会通过的《中共中央关于全面推进依法治国若干重大问题的决定》明确提出，"推行政府权力清单制度，坚决消除权力设租寻租空间"。权力清单制度改革与"放管服"改革具有密切联系，实际上是"放管服"改革的组成部分。作为推进法治政府建设的路径选择，权力清单制度对原有的依法行政有很大的突破和推进，对推进政府职能转变、行政审批改革、透明政府建设、服务型政府建设等有重要的意义。

2015年，中共中央办公厅、国务院办公厅印发《关于推行地方各级政府工作部门权力清单制度的指导意见》。意见指出，

---

[1] 《中国营商环境排名跃升至全球第31位》，《经济日报》2019年10月25日，第1版。

推行地方各级政府工作部门权力清单制度，是党中央、国务院部署的重要改革任务，是国家治理体系和治理能力现代化建设的重要举措，对于深化行政体制改革，建设法治政府、创新政府、廉洁政府具有重要意义。工作目标是将地方各级政府工作部门行使的各项行政职权及其依据、行使主体、运行流程、对应的责任等，以清单形式明确列示出来，向社会公布，接受社会监督。通过建立权力清单和相应责任清单制度，进一步明确地方各级政府工作部门职责权限，大力推动简政放权，加快形成边界清晰、分工合理、权责一致、运转高效、依法保障的政府职能体系和科学有效的权力监督、制约、协调机制，全面推进依法行政。地方各级政府工作部门作为地方行政职权的主要实施机关，是这次推行权力清单制度的重点。依法承担行政职能的事业单位、垂直管理部门设在地方的具有行政职权的机构等，也应推行权力清单制度。

意见明确了推进权力清单制度的主要任务：全面梳理现有行政职权；大力清理调整行政职权；依法律法规审核确认；优化权力运行流程；公布权力清单；建立健全权力清单动态管理机制等。到2018年，全国大部分地方政府及其工作部门已制定并公开行政权力清单及对应的行政责任清单。

党的十八大以后，我国各级政府工作部门全面推行清单制度，有效推进了政府机构、职能、权限、程序和责任法定化，厘清了权力的法规边界。各地在推行权力清单制度工作中，涌现出不少改革亮点。例如，浙江推进"四张清单一张网"（权力清单、责任清单、企业投资负面清单、财政专项资金管理清单和政务服务网），省级部门行政权力从几年前的1.23万项精简至4092项。[①]安徽清权确权后，省级保留权力事项1712项，精简68.3%，市级政府精简50%以上。江苏在清权过程中，全省共上报权力事项8900多项，后经审议"减权"确定保留行政权力事项5647项，其中1375项作为省级部门保留的权力事项，其余4272项按照方便公民、法人和其他组织办事，提高管理服务效率，便于监督的原则，全部交由市县行使。[②]

三、健全依法决策机制

2014年，党的十八届四中全会通过的《中共中央关于全面推进依法治国若干重大问题的决定》明确提出"健全依法决策机制。把公众参与、专家论证、风险评估、合法性审查、集体讨论决定确定为重大行政决策法定程序"。2015年12月发布的《法治政府建设实施纲要（2015—2020年）》进一步对完善重大行政决策程序提出六项具体要求。作为推进健全依法决策机制的重要成果，2019年4月，国务院公布了《重大行政决策程序暂行条例》，该条例的出台标志着健全依法决策机制取得重要立法成果。自《全面推进依法行政实施纲要》提出"建立健全重大行政决策机制"后，各地制定了500余部地方立法进行先行先试。该条例首次将县级以上地方人民政府的重大行政决策活动全面纳入法治

[①]《把权力关进制度的笼子里》，《法制日报》2017年8月24日，第1版。
[②]《用权看清单尽责见阳光——权力清单，带来什么》，《人民日报》2015年3月31日，第11版。

化轨道，充分保障了人民群众对重大行政决策的知情权、参与权、监督权，极大地推动了法治政府建设，是我国法治政府建设进程中具有标志性意义的立法。

该条例借鉴地方实践经验，按照突出针对性、具备可行性、保留灵活性、提高透明度的原则，通过"列举+排除"框定重大行政决策事项的范围，允许决策机关结合职责权限和本地实际确定决策事项目录、标准，经同级党委同意后向社会公布并根据实际变化调整。列举的事项包括：（一）制定有关公共服务、市场监管、社会管理、环境保护等方面的重大公共政策和措施；（二）制定经济和社会发展等方面的重要规划；（三）制定开发利用、保护重要自然资源和文化资源的重大公共政策和措施；（四）决定在本行政区域实施的重大公共建设项目；（五）决定对经济社会发展有重大影响、涉及重大公共利益或者社会公众切身利益的其他重大事项。同时，明确排除了3类事项，分别是财政政策、货币政策等宏观调控决策，政府立法决策，突发事件应急处置决策。

同时，该条件还着重规范了依法决策的程序要求。一是规范决策草案的形成过程，规定了公众参与、专家论证和风险评估程序。除依法不予公开的外，应当充分听取公众意见；专业性、技术性较强的决策事项应当组织专家论证；决策实施可能对社会稳定、公共安全等方面造成不利影响的，应当组织风险评估。二是明确合法性审查为必经程序。规定决策草案未经合法性审查或者经审查不合法的，不得提交决策机关讨论；明确送请审查需要的材料、时间和合法性审查的内容；要求负责合法性审查的部门及时提出合法性审查意见并对意见负责，决策承办单位根据意见进行必要调整或者补充。三是明确集体讨论决定为必经程序。规定决策草案应当经决策机关常务会议或者全体会议讨论；在坚持行政首长负责制的同时，要求行政首长末位发言，拟作决定与多数人意见不一致时应当说明理由；集体讨论决定情况应当如实记录并与责任追究挂钩。

此外，作为健全依法决策机制的重要环节，政府法律顾问制度建设也取得显著成效。党的十八届三中全会决定强调"普遍建立法律顾问制度"，党的十八届四中全会决定提出要"积极推行政府法律顾问制度，建立政府法制机构人员为主体、吸收专家和律师参加的法律顾问队伍，保证法律顾问在制定重大行政决策、推进依法行政中发挥积极作用"。2016年6月，中共中央办公厅、国务院办公厅印发了《关于推行法律顾问制度和公职律师公司律师制度的意见》，积极推行党政机关法律顾问制度，建立以党内法规工作机构、政府法制机构人员为主体，吸收法学专家和律师参加的法律顾问队伍。

实践中，经过几年努力各地普遍建立起政府法律顾问制度，对于推进依法决策、依法行政发挥了不可替代的重要作用。例如，到2015年，贵州全省9个市（州）、88个县（市、区）人民政府及贵安新区都已建立政府法律顾问室，正逐步向乡（镇）政府、街道办事处延伸，该省50个省直部门也设置法律顾问室。据不完全统计，目前贵州省各地区各部门共有法律顾问300多名，聘请的法学专家45名、律师353名。据不完全统计，省直部门及其各县（市、区）政府法律顾问参与政府立法和规范性文件起草、合法性审查 1969 件，有效降低了行政过程中的法律风险。[①]

四、行政执法体制改革不断深入

党的十八大以来，我国行政执法体制改革不断深化，为推进法治政府建设作出重要贡献，有力保障了严格、规范、文明执法，为今后的法治政府建设奠定了坚实的基础。以下为党的十八大以后行政执法体制改革的主要成就。

行政执法是行政机关最大量的日常行政活动，是实施法律法规、依法管理经济社会事务的主要途径，是实现政府职能的重要方式。我国大约 80% 的法律、90% 的地方性法规和几乎所有的行政法规都是由行政机关执行的。行政执法是否严格公正，直接体现着各级政府依法行政的水平和程度。总体上，进入 21 世纪后，我国行政执法总体有了很大改善，取得了明显进步，但仍然存在着不少问题：乱执法、粗暴执法、执法寻租、贪赃枉法甚至充当黑恶势力"保护伞"的问题时有发生；执法不作为问题日益凸显；执法不重视程序、违反程序的问题较为普遍；一些执法人员素质、水平不高甚至"吃拿卡要"问题比较突出。[②]

针对实践中存在的突出问题，2013 年，党的十八届三中全会通过的《中共中央关于全面深化改革若干重大问题的决定》，明确提出要深化行政执法体制改革。主要措施有：整合执法主

---

① 《贵州各地普遍建立政府法律顾问》，《经济日报》2015 年 8 月 21 日，第 15 版。
② 袁曙宏：《深化行政执法体制改革》，《行政管理改革》2014 年第 7 期。

体，相对集中执法权，推进综合执法，着力解决权责交叉、多头执法问题，建立权责统一、权威高效的行政执法体制。减少行政执法层级，加强食品药品、安全生产、环境保护、劳动保障、海域海岛等重点领域基层执法力量。理顺城管执法体制，提高执法和服务水平。完善行政执法程序，规范执法自由裁量权，加强对行政执法的监督，全面落实行政执法责任制和执法经费由财政保障制度，做到严格规范公正文明执法。完善行政执法与刑事司法衔接机制。

2014年，党的十八届四中全会通过的《中共中央关于全面推进依法治国若干重大问题的决定》，又全面部署了行政执法体制改革。《决定》要求根据不同层级政府的事权和职能，按照减少层次、整合队伍、提高效率的原则，合理配置执法力量。推进综合执法，大幅减少市县两级政府执法队伍种类，重点在食品药品安全、工商质检、公共卫生、安全生产、文化旅游、资源环境、农林水利、交通运输、城乡建设、海洋渔业等领域内推行综合执法，有条件的领域可以推行跨部门综合执法。完善市县两级政府行政执法管理，加强统一领导和协调。理顺行政强制执行体制。理顺城管执法体制，加强城市管理综合执法机构建设，提高执法和服务水平。严格实行行政执法人员持证上岗和资格管理制度，未经执法资格考试合格，不得授予执法资格，不得从事执法活动。严格执行罚缴分离和收支两条线管理制度，严禁收费罚没收入同部门利益直接或者变相挂钩。健全行政执法和刑事司法衔接机制，完善案件移送标准和程序，建立行政执法机关、公安机关、检察机关、审判机关信息共享、案情通报、案件移送制度，坚决克服有案不移、有案难移、以罚代刑现象，实现行政处罚和刑事处罚无缝对接。

2015年12月24日，《中共中央国务院关于深入推进城市执法体制改革改进城市管理工作的指导意见》发布。《意见》指出，要清醒看到，与新型城镇化发展要求和人民群众生产生活需要相比，我国多数地区在城市市政管理、交通运行、人居环境、应急处置、公共秩序等方面仍有较大差距，城市管理执法工作还存在管理体制不顺、职责边界不清、法律法规不健全、管理方式简单、服务意识不强、执法行为粗放等问题，社会各界反映较为强烈，在一定程度上制约了城市健康发展和新型城镇化的顺利推进。《意见》要求以城市管理现代化为指向，以理顺体制机制为途径，将城市管理执法体制改革作为推进城市发展方式转变的重要手段，与简政放权、放管结合、转变政府职能、规范行政权力运行等有机结合，构建权责明晰、服务为先、管理优化、执法规范、安全有序的城市管理体制，推动城市管理走向城市治理，促进城市运行高效有序，实现城市让生活更美好。

2018年3月21日，中共中央印发《深化党和国家机构改革方案》，其中第五部分对深化行政执法体制改革作出系统部署。《方案》要求大幅减少执法队伍种类，合理配置执法力量。一个部门设有多支执法队伍的，原则上整合为一支队伍。推动整合同一领域或相近领域执法队伍，实行综合设置。具体而言，整合工商、质检、食品、药品、物价、商标、专利等执法职责和队伍，组建市场监管综合执法队伍；整合环境保护和国土、农业、水利、海洋等部门相关污染防治和生态保护执法职责、队伍，统一实行生态环境保护执法；整合组建文化市场综合执法队伍。将旅游市场执法职责和队伍整合划入文化市场综合执法队伍，统一行使文化、文物、出版、广播电视、电影、旅游市场行政执法职责；整合组建交通运输综合执法队伍。整合交通运输系统内路政、运政等涉及交通运输的执法职责、队伍，实行统一执法；整合组建农业综合执法队伍。将农业系统内兽医兽药、生猪屠宰、种子、化肥、农药、农机、农产品质量等执法队伍整合，实行统一执法。

经过此轮改革，总体上形成了大市场、大环保、大文化、大交通、大农业的综合执法格局，行政执法"多个大盖帽管不住一顶草帽"的怪圈基本被打破。实际上，进入 21 世纪后，我国行政执法机构数量逐渐增加，出现了同一区域内执法队伍多而散，执法领域宽且杂，跨领域综合执法力量不足和大量聘用"协管"等执法辅助人员现象。在一些地区和领域，重复执法、多头执法等乱象备受诟病，影响了政府形象和公信力，综合执法改革有利于从体制、机制上解决上述问题。

以内蒙古自治区包头市为例，该市在此轮改革中严格落实综合执法改革的要求，重点推进了五大领域综合行政执法改革。按照市和市辖区只设一个执法层级的要求，在整合交通运输、农牧业、文化市场三个领域市本级和市辖区分散的执法职责基础上，设置综合执法队伍。改革后，市交通运输综合行政执法支队和市农牧综合行政执法支队均承担市本级和 6 个地区的综合执法工作，市文化市场综合行政执法局承担市本级和市4区的综合执法工作。在下沉职责的基础上，市辖区整合市场监管领域行政执法职责，在本地区设置市场监管综合行政执法队伍。在整合全市污染防治、生态保护、核与辐射安全方面执法职能的基础上，设置了全市生态环境综合行政执法队伍，由市生态环境局统一领导和管理。按照改革要求，与市本级设置综合执法队伍的管理地域和职责相衔接，旗县全面整合本辖区交通运输、农牧业、文化市场、市场监管领域的执法职责，完成了四个领域综合行政执法队伍的设置。结合苏木乡镇和街道机构改革，该市健全了苏木街镇的综合执法机构，做到应设尽设，有47个街镇设置了综合执法局。通过改革，该市实现了整合分散的执法职能、减少执法层级、健全各层级执法队伍的改革目标。

党的十八大后，行政执法监督制度也不断完善，各级政府对执法部门执法行为的监督进一步加强。据统计，自2015年至2019年底，全国各级行政复议机关共受理复议申请92.1万件，直接纠错率为15.19%。行政复议机关主持调解或行政机关自行纠错后双方达成和解的比例达到9.5%，经行政复议后，70%的案件实现了"案结事了"，不再提起行政诉讼。[1]

2021年1月22日，第十三届全国人民代表大会常务委员会第二十五次会议修订通过了《行政处罚法》，以立法形式固定了全面落实行政执法体制改革的成果。行政处罚法的修订明确在市

---

[1] 《持续推进法治政府建设 以高质量政务惠民利企》，见 https://cn.chinadaily.com.cn/a/202011/13/WS5fade839a3101e7ce972f52f.html。

场监管、生态环境、文化市场、交通运输、应急管理、农业等领域推行综合行政执法制度，为综合行政执法改革深入推进提供法律保障。《行政处罚法（修订草案）》也增加规定了行政处罚权下放乡镇街道制度，明确了权力下放的主体、方式、条件、保障措施和监督制约。《行政处罚法》明确行政处罚应当由具有行政执法资格的执法人员实施，并强调出示行政执法证件的要求；还完善行政处罚和刑事司法衔接机制，推动解决长期以来存在的有案难移、证据材料移交接收衔接不畅等突出问题，以加强行政处罚与刑事司法衔接机制。

五、法治政府建设督促检查力度加强

2019年5月，为了充分发挥督察工作对法治政府建设与责任落实的督促推动作用，构建守责尽责、失责追责的法治政府建设与责任落实工作机制，不断把法治政府建设向纵深推进，中共中央办公厅、国务院办公厅印发了《法治政府建设与责任落实督察工作规定》，通过督察工作推进法治政府建设，落实主体责任，形成从党政主要负责人到全体党政机关工作人员的责任闭环体系。

党的十九大后，中央全面依法治国委员会办公室先后部署开展食品药品监管执法司法专项督察，营造法治化营商环境、保护民营企业发展专项督察和法治政府建设全面督察工作。2019年10月至12月，中央全面依法治国委员会办公室在全国范围内开展法治政府建设督察。在地方自查基础上，中央全面依法治国委

员会办公室会同中央和国家机关有关单位组成督察组，由省部级领导带队，对河北、山西、浙江、江西、贵州、云南、陕西、甘肃等8个省份进行实地督察。中央全面依法治国委员会办公室开展法治督察是督促党政主要负责人压紧压实法治建设责任的有力抓手，也是促进地方不断提升政府治理现代化水平的有效途径。

第二节　行政执法"三项制度"建设成就

在党的十八大以后的法治政府建设成就中，比较突出的是行政执法"三项制度"改革，它对纠正长期存在的执法领域中的诸多问题发挥了不可替代的作用。行政执法"三项制度"，即推行行政执法公示制度、执法全过程记录制度、重大执法决定法制审核制度。行政执法"三项制度"改革是党的十八届四中全会部署的重要改革任务，对于促进严格规范公正文明执法，保障和监督行政机关有效履行职责，维护人民群众合法权益，具有重要意义。

党中央、国务院高度重视推行行政执法"三项制度"工作。中央全面深化改革领导小组确定2016年先开展试点工作，并列入当年重点改革任务。2017年1月，国务院办公厅印发试点工作方案，部署在全国范围内32个单位开展试点工作。经过一年多的试点，"三项制度"对规范执法程序、提升执法能力、强化执法监督发挥了重要作用，初步形成一套可复制、可推广的经验。

2018年12月，国务院办公厅印发《关于全面推行行政执法公示制度执法全过程记录制度重大执法决定法制审核制度的指导意见》，对各级行政执法机关全面推行"三项制度"工作提出明确要求。《指导意见》是贯彻落实《中共中央关于全面推进依法治国若干重大问题的决定》和中共中央、国务院印发的《法治政府建设实施纲要（2015—2020年）》有关要求的重要举措。

《指导意见》共分为六个部分。（一）关于总体要求。主要明确了全面推行"三项制度"的指导思想、基本原则和工作目标。全面推行"三项制度"，要以习近平新时代中国特色社会主义思想为指导，坚持依法规范、执法为民、务实高效、改革创新、统筹协调等原则。通过在各类行政执法行为中全面推行"三项制度"，大力促进严格规范公正文明执法，行政执法能力和水平整体提升，行政执法的社会满意度显著提高。（二）关于全面推行行政执法公示制度。针对行政执法信息公开不及时、不规范、不透明等问题，主要从强化事前公开、规范事中公示、加强事后公开等三个方面，对行政执法信息公示的主体、内容、形式、程序、职责等作出明确规定。（三）关于全面推行执法全过程记录制度。针对执法行为不严格、不文明及执法过程记录不全面、不标准等问题，主要从完善文字记录、规范音像记录、严格记录归档、发挥记录作用等四个方面，对行政执法文书基本格式标准，音像记录的定位、作用、要素、设备配置，依法归档保存执法档案，加强记录信息的调阅监督等作出规定。（四）关于全面推行重大执法决定法制审核制度。针对法制审核机构不健全、审核力量不足、审核工作不规范等问题，主要从明确审核机构、审核范围、审核内容、审核责任等四个方面，对法制审核机构的确定、审核人员的配备、重大行政执法行为标准的界定、法制审核的内容和程序、相关人员的责任等作出规定。（五）关于全面推进行政执法信息化建设。主要从加强信息化平台建设、推进信息共享、强化智能应用等三个方面，对提高执法信息化水平、加强执法信息管理、汇聚整合执法数据资源、实现执法信息互联互通共享、推进数据分析应用等内容作出规定。（六）关于加大组织保障力度。主要从加强组织领导、健全制度体系、开展培训宣传、加强督促检查、保障经费投入、加强队伍建设等六个方面，对地方各级人民政府和各部门的领导责任、建立健全制度体系等内容作出规定。

党的十八大以来，党中央、国务院在推进全面依法治国和建设法治政府过程中，更加重视行政执法改革工作，行政执法总体上有很大改善，群众的满意度也日益提高，但也存在不少选择性执法、随意执法、粗暴执法、执法寻租等问题，执法不作为、执法违反法定程序的现象时有发生。与此同时，在行政执法中，执法刚性不足、权威缺失的现象也很突出，一些违法人员阻挠执法、抗拒执法的现象引起了社会的广泛关注。

行政执法领域出现的诸多问题，关键原因就在于执法制度不完善、不落实。

行政执法"三项制度"在规范行政执法的各项制度中具有典型性、重要性。其中，行政执法公示制度有利于打造"阳光政府"，主动、及时地向社会公开执法信息，让行政执法接受社会和广大人民群众的监督。执法全过程记录制度有利于规范执法程序，通过文字、音像记录等形式，对行政执法各个环节进行记录，全面、系统归档保存，做到执法全过程留痕和可回溯管理，防止出现粗暴执法、不规范执法问题。重大执法决定法制审核制度有利于保障合法执法，确保重大执法决定合法、合理。

应当说，截至目前，通过全面推行"三项制度"，各类行政执法行为得到了有效规范，行政执法的能力和水平得到大幅度提升，行政执法的社会满意度显著提高。以河北省为例，2017年，河北省被确定为全国唯一在省、市、县三级执法部门同时推行行政执法"三项制度"的改革试点单位。2019年4月，河北省全面推进依法行政工作领导小组办公室印发《2019年法治政府建设工作要点》，提出要巩固深化行政执法"三项制度"，深入推进"三项制度"信息化和规范化建设，当好全国改革的"排头兵"。同年10月，《河北省行政执法公示办法》《河北省行政执法全过程记录办法》《河北省重大行政执法决定法制审核办法》发布，河北在全国率先立法全面推行"三项制度"。河北省作为全面推行行政执法"三项制度"的"试验田"和"排头兵"，取得了突出成效。例如，2018年，河北各级执法部门开展法制审核3548621件，纠错185061件，纠错率达5.22%。第三方评估显示，河北2018年社会公众对行政执法满意度评价为72.74%，比上年提高4.13%。[①]

[①] 《我省"三项制度"改革成效显著行政执法群众满意度上升近三成》，《河北日报》2019年12月6日，第2版。

第四章

司法体制改革成就

第一节　党的十八大后司法体制改革的内容与成就

一、我国的司法体制改革历程

与改革开放的伟大实践基本同步，我国司法体制改革具体可以从 1978 年改革起算。截至党的十九大前，整个改革历程划分为四个阶段。

（1）重建司法阶段。就司法体制改革的历程而言，1978 年到 20 世纪 90 年代初是第一阶段，其核心内容是恢复重建司法。在特殊的历史背景下，恢复重建也应当视为特殊形式的改革。在"文化大革命"中，公检法被砸烂，法院成为各地军管会下属的"审判组"，检察机关不复存在，1975 年宪法规定由公安机关行使检察机关职权，并且取消了人民法院独立审判及陪审制度、公开审判和辩护制度。1978 年宪法恢复了人民检察院职权，1982 年宪法颁布实施、诉讼法的出台、人民法院组织法和人民检察院组织法的修改完善等，标志着我国的司法制度得以恢复和重建。经过这个时期的不懈努力，我们重建了司法规范制度和恢复司法秩序，变革了一般司法审判工作方法，规范了审判行为和诉讼程序。

（2）改革审判方式阶段。20世纪90年代为司法体制改革的第二阶段，即全面推进审判方式改革阶段。1992年后，党中央确立了建立社会主义市场经济体制的基本路线，实现了我国经济、社会的飞跃式发展。与此相关联，经济社会关系急剧变动，公民权利意识、法律意识不断提高，各种案件数量大幅上升。由于理念、体制、机制方面的障碍，强行政化的司法运行模式（特别是审判方式）不能适应经济、社会快速发展的要求。为此，一场以举证责任改革为切入点的审判方式改革渐次展开，逐渐涉及诉讼机制和司法体制改革问题。这一时期，公正、效率、平等、罪刑法定、程序正义、无罪推定、人权保障等现代司法理念，在程序完善、机制创新和审判方式变革中起到了重要的引导作用。不少法院借鉴当事人主义诉讼模式，强化当事人举证责任，探索建立当庭举证、质证、认证和强调法官中立、平等对抗等具有现代司法理念的审判方式。

（3）改革司法体制和机制阶段。进入21世纪后，司法体制改革进入第三阶段，其重点是宏观司法体制及工作机制的改革。2003年中央司法体制改革领导小组成立，加强了对司法体制改革工作的宏观领导及顶层设计。2004年12月，中共中央转发《中央司法体制改革领导小组关于司法体制和工作机制改革的初步意见》，提出改革和完善诉讼制度、诉讼收费制度、检察监督体制、劳动教养制度、监狱和刑罚执行体制、司法鉴定体制、律师制度、司法干部管理体制、司法机关经费保障机制等10个方面35项改革任务。2008年年底，中央政法委《关于深化司法体制和工作机制改革若干问题的意见》又从优化司法职权配置、落实宽严相济刑事政策、加强司法队伍建设、加强司法经费保障等4个方面提出60项具体改革任务。但是，由于各方面因素的制约，党的十八大以前的司法体制改革在解决深层次问题方面成效不显著。

（4）全面深化司法体制改革阶段。党的十八大以后，司法体制改革进入崭新的第四阶段，即新一轮司法体制改革的新阶段，它是全面推进解决体制性、机制性痼疾的改革。在新一轮司法体制改革过程中，党的十八大报告、十八届三中全会的决定、十八届四中全会的决定以及十九大报告是最重要的指导文件。在以习近平同志为核心的党中央的坚强领导下，党的十八大以来的新一轮司法体制改革聚焦制约司法公正、影响司法公信力的体制性痼疾，敢于啃硬骨头、涉险滩、闯难关，做成了想了很多年、讲了很多年但没有做成的改革。正如党的十九大报告总结过去五年法治建设的重大成就中所指出的："行政体制改革、司法体制改革、权力运行制约和监督体系建设有效实施。"通过新一轮的改革，司法权威和公信力不断提升，对维护社会公平正义发挥了重要作用，对"四个全面"战略布局的实现做出了应有的贡献，成为全面依法治国基本方略中的一大亮点。

二、党的十八大后司法体制改革的主要内容

新一轮司法体制改革具有鲜明的问题导向特征，紧紧围绕司法实践中存在的突出问题谋划改革。习近平总书记在《关于〈中共中央关于全面推进依法治国若干重大问题的决定〉的说明》中指出，"司法不公、司法公信力不高问题十分突出，一些司法人员作风不正、办案不廉，办金钱案、关系案、人情案，'吃了原告吃被告'，等等"，这些问题就是一段时间以来司法领域中存在的主要问题。

具体来看，新一轮司法体制改革针对的主要是司法体制和司法机制中长期存在的以下问题：第一，司法行政化问题。所谓司法行政化问题，是指司法制度和司法实践中出现的以行政化的方式、理念行使司法权、处理司法问题的偏离现代司法规律的现象。从理论上分析，我国司法的行政化表现在以下方面：一是司法的地方化，即司法机关的人财物受制于地方，因而出现司法地方保护主义现象。由行政诉讼制度所设定，地方行政权力的行使受制于一定程度的司法评价，即司法具有监督、制约地方行政权力的法定职能。但是，在实践中，地方政府的财政状况以及对司法机构的态度决定着同级司法机构的资源状况，司法在处理影响地方政府利益的一些重大案件时（特别是行政诉讼案件时），不可避免地受制于行政机关或明或暗的干预。二是司法人员管理的行政化。司法人员的管理与一般公务员的管理没有太多区别，司法工作的特殊性无从体现，司法人员的职业保障和责任制的特殊性也无从体现，造成司法的专业化水准受到很大制约，职业化建设仍存在严重不足。三是法院内部管理的行政化。实践中，审理权与判决权分离，审理者无法裁判，裁判者无须负责，这种以行政管理的方式进行司法审判的做法，不仅人为地拖延了诉讼时间，更重要的是模糊了司法责任的界限，造成司法责任追究不力、不公平的问题。四是上下级法院之间关系的行政化。在实践中，仍然存在下级法院就具体案件的审理向上级法院请示、汇报，上级法院向下级法院发布指示、命令的现象，这影响各级法院和法官在司法活动中的独立性，也发挥不了审级制度发现案件真实情况、保障法律正确实施和当事人权利的积极作用。

第二，司法解决社会矛盾纠纷的本职职能发挥不好的问题。长期以来，公民寻求司法外救济的信访行为频繁、高发，以党委、政府、人大等部门为诉求对象的信访总量长期居高不下。实践中，很多本应由司法解决的矛盾、纠纷成为信访事项，当事人常常以信访的形式向各级党委、政府等部门表达诉求。在个别情况下，一些社会纠纷以非理性的极端形式表达，演变成比较激烈的群体性事件，严重影响社会稳定和法治国家建设。

第三，司法不公问题。过去一段时间，涉法涉诉信访总量较大，当事人的上诉率和申请再审率也偏高，司法领域存在比较突出的办关系案、人情案等司法不公问题，人民群众无法在每一个司法案件中都能感受到公平正义。从司法不公的生成机制分析，主要是司法机关和司法人员排除外界干扰能力不足，依法独立行使职权的程度不高，以及监督制约机制存在较大不足和司法队伍素质建设方面存在一定问题等。在司法实践中，司法不公造成司法判决的质量和可接受性都不理想，严重影响司法职能的发挥。

第四，司法腐败问题。长期以来，由于司法责任追究机制和司法监督机制不够健全，加上一些司法人员政治素质和职业素养不高，司法作风不正，办案不廉，办金钱案、关系案、人情案，频频出现权钱交易、贪赃枉法、徇私枉法等现象，"花钱买命""花钱买刑"等问题也屡有发生，这些司法腐败问题严重影响了司法公正和社会公正，损害了司法公信力。

第五，冤假错案屡发问题。由于司法体制和机制方面存在一定缺陷，冤假错案屡有发生，特别是刑事诉讼中一些死刑的冤假错案的发生，严重损害了司法公正。习近平总书记曾指出，"造成冤案的原因很多，其中有司法人员缺乏基本的司法良知和责任担当的问题，更深层次的则是司法职权配置和权力运行机制不科学，侦查权、检察权、审判权、执行权相互制约的体制机制没有真正形成"。针对刑事诉讼中"侦查中心主义"，三机关相互配合有余、相互制约不足等体制性问题，以审判为中心的诉讼制度改革是新一轮司法体制改革的重要内容。

为了解决上述问题，新一轮司法体制改革以四项改革为基本内容：司法人员分类管理改革；司法责任制改革；健全司法人员职业保障制度改革；省以下人民法院、检察院人财物统一管理改革。第一，司法人员分类管理改革。它的重要内容是员额制改革。所谓员额制是根据案件数量和司法实际需求确定法官、检察官数量比例的一种管理制度，它既是实现法官、检察官专业化的基础，也是全面落实司法责任制的前提。长期以来，我国司法队伍结构性矛盾突出：一方面队伍庞杂，水平参差不齐；另一方面司法人员承担大量行政事务，司法效率低下。建立符合职业特点的司法人员管理制度，是建设高素质司法队伍的制度保障，也是深化司法体制改革中必须牵住的"牛鼻子"。

第二，针对长期以来审判权运行中"审者不判、判者不审"的弊端，新一轮司法改革大力推进司法责任制，确立"谁审理、谁裁判、谁负责"的原则。2015年，习近平总书记在中共中央政治局第二十一次集体学习时强调，推进司法体制改革"要紧紧牵住司法责任制这个牛鼻子"，保证法官、检察官做到"以至公无私之心，行正大光明之事"。在新一轮司法体制改革过程中，各级司法机关紧紧牵住司法责任制改革这个"牛鼻子"，取消了层层请示、逐级审批案件制度，完善了独任法官、合议庭办案责任制，建立了法官遴选和惩戒制度，实现了权力与责任的统一。2015年3月，为了确保司法机关依法独立行使职权，排除各种形式的权力干预，中共中央办公厅、国务院办公厅印发了《领导干部干预司法活动、插手具体案件处理的记录、通报和责任追究规定》，中央政法委印发了《司法机关内部人员过问案件的记录和责任追究规定》，各司法机关严格执行防止干预过问案件的"两个规定"，有效建起"防火墙"、划出"隔离带"，为落实司法责任制、排除各种干扰提供了制度保障。

第三，司法人员职业保障制度改革。在新一轮改革中，司法系统大力推进法官、检察官单独职务序列及工资制度改革试点，并建立司法人员分类管理的职业发展通道，进一步健全了司法人员职业保障制度。司法权是对争议事实和适用法律的判断权、裁决权，要求司法人员具有良好的法律专业素养和司法职业操守，这就对司法人员素质提出了很高的要求，需要健全的职业保障制度。

第四，省以下地方法院、检察院人财物统一管理改革。长期以来，我国司法人员和地方法院、检察院经费按行政区域实行分级管理、分级负担的体制，不利于排除地方不当干预。省以下地方法院、检察院人财物统一管理改革对于确保法院、检察院依法独立公正行使审判权、检察权具有深远意义。对人的统一管理，主要是建立法官、检察官统一由省提名、管理并按法定程序任免的机制；对财物的统一管理，主要是建立省以下地方法院、检察院经费由省级政府财政部门统一管理机制。

此外，新一轮司法体制改革还有很多其他内容，例如，立案登记制改革；进一步保障人民群众参与司法，完善人民陪审员制度；构建开放、动态、透明、便民的司法公开机制，以维护司法公正和提高司法公信力；加强人权司法保障，健全落实罪刑法定、疑罪从无、非法证据排除等法律原则的法律制度，完善对限制人身自由司法措施和侦查手段的司法监督；加强对司法活动的监督，完善检察机关行使监督权的法律制度，完善人民监督员制度，建立终身禁止从事法律职业制度等举措。

总结起来，新一轮司法体制改革具有以下鲜明的特征：第一，以习近平同志为核心的党中央高度重视、统一领导和部署。这是新一轮司法体制改革最突出的特点。第二，着重解决体制性痼疾。新一轮司法体制改革直面问题，以制约司法公正和司法公信力的体制性难题为改革突破口，大刀阔斧地去除影响司法公正的体制性、机制性弊端，改革涉及范围之广、出台方案之多、触及利益之深、推进力度之大前所未有。第三，切入点微观而具体。新一轮司法体制改革中，改革举措从司法人员的分类和履职保障等很实际和具体的问题着手，以务实的态度取得重大成绩。

党的十八大以后，司法领域的重大改革举措对于解决司法领域的痼疾，维护司法公正、提高司法公信力、增强司法权威发挥了巨大作用，有力地促进了司法工作实现历史性飞跃。2017年7月，习近平总书记对新一轮司法体制改革工作的成就做出长篇批示，指出："党的十八大以来，政法战线坚持正确改革方向，敢于啃硬骨头、涉险滩、闯难关，做成了想了很多年、讲了很多年但没有做成的改革。司法公信力不断提升，对维护社会公平正义发挥了重要作用。"这是对新一轮司法体制改革的最大肯定，也是对新一轮司法体制改革成就的最准确概括。总体上分析，经过新一轮司法体制改革，改革主体框架已基本确立，符合司法规律的体制机制正在逐步形成，司法队伍活力在不断迸发，司法质量效率和公信力在持续提升，人民群众对公平正义的获得感也在不断增强。

首先，司法权运行更加合理。党的十八大以后的改革遵循司法中立性、亲历性、权责一致性等基本原则，重点建立和完善权责明晰、权责一致的司法责任制，重塑司法权运行机制。全国法院普遍实行"谁审理、谁裁判、谁负责"的办案机制，司法权运行更加符合司法规律。省以下地方法院、检察院人财物统一管理，有效避免了地方保护主义。推进司法机关内设机构改革，通过整合部门职能、精简机构、调配人员，构建以审判为中心的机构设置模式和管理体制，使整个司法运行和管理更加科学高效。实行法官、检察官员额制，切实提升司法队伍正规化、专业化、职业化水平。

其次，司法公开、透明达到新的高度。根据统计，截至2018年2月底，中国裁判文书网已公开超过4200万份裁判文书，司法裁判文书公开数量位居世界前列。人民法院、人民检察院还利用各种新媒体，拓展公开内容和公开渠道。司法公开不仅成为人民群众了解司法、参与司法、监督司法的重要渠道，也成为世界了解中国司法的重要窗口，成为中国司法的一张亮丽名片。[①]

再次，司法效率大大提升。例如，人民法院全面落实立案登记制，充分保障当事人诉权；深入推进案件繁简分流，开展刑事速裁和认罪认罚从宽制度改革，有效提升司法效率；深化执行体制改革，及时维护当事人合法权利；在全国范围内建设多渠道、一站式、综合性诉讼服务中心，最大限度方便当事人集中办理除庭审之外的其他司法事务。2015年5月1日，立案登记制改革全面推行，人民法院对依法应该受理的案件做到了有案必立、有诉必理，"有案不立、有诉不理、拖延立案、抬高门槛"问题基本根除。在改革之前，全国法院的法官人数是21万多，法官员额制实行后，入额法官人数是12万多，法官人数减少的同时受案量则在快速增长，这充分说明司法效率的提升。据统计，2017

---

① 胡仕浩：《深入推进司法体制改革》，《人民日报》2018年10月28日，第5版。

年上半年，全国法院共受理案件1458.6万件，结案888.7万件，结案率60.9%，未结案件569.9万件。与2016年上半年相比，全国法院受理案件数量上升11.2%，其中新收案件上升14.8%。结案上升9.88%，未结案件上升13.54%。全国法院旧存执行案件113万件，新收执行案件345.2万件，结案229.4万件，未结案件228.8万件，分别较2016年同期上升了15.9%、31%、17.8%、36.8%。[①]从上述数据可知，全国法院逾12万名法官在2017年上半年审结888.7万件案件，平均每名法官半年审结74件案件，全年预计审结150多件案件。这意味着法官平均办案数量、办案效率已提升至2008年的近3倍。

最后，司法公正得到有效保障，人民群众感受到公平正义。通过新一轮司法体制改革，司法机关在纠正冤假错案，维护司法公正方面取得新的成效，司法裁判的社会接受度也大大提高。

新一轮司法体制改革的成功经验主要有四点：第一，坚持和加强党的领导。党的领导是社会主义法治的根本保证，是司法体制改革攻坚克难的重要保障。深化司法体制改革，必须在党中央的领导下，建立公正、权威、高效的社会主义司法制度。第二，坚持从国情出发。世界上没有也不可能有放之四海而皆准的司法制度，一个国家实行什么样的司法制度归根结底是由这个国家的国情决定的。我国的司法体制改革之所以取得突出的成绩，一条重要经验就是在认真吸收借鉴人类法治文明的有益成果和遵循现

[①]《最高法发布上半年全国法院审判执行工作态势》，见 https://www.chinacourt.org/article/detail/2017/07/id/2939593.shtml。

代司法规律的同时，始终坚持从我国实际出发。第三，遵循司法规律。现代司法有其固有的规律性，现代司法文明是全人类共同的制度文明成果。司法体制改革只有遵循司法活动的客观规律，体现权责统一、权力制约、公开公正、尊重程序、高效权威的要求，才能维护司法公正、提高司法公信力，才能为人类法治文明发展进步贡献中国智慧和中国方案。第四，坚持人民主体地位。在新一轮司法体制改革中，始终坚持改革为了人民、依靠人民、造福人民、保护人民，以促进社会公平正义为司法的核心追求和根本出发点，坚持人民司法为人民。同时，依靠人民推进公正司法，通过公正司法维护人民权益。

第二节　司法体制改革中的典型案例

案例是最生动的法治教材，也是党的十八大后深化司法体制改革、推进公正司法成果的最生动展示。下文中将集中介绍党的十八大后司法体制改革过程中出现的、被记入最高人民法院历年工作报告的典型案例。这些典型案例或者揭示了纠正冤假错案的成果，彰显了公平正义，或展现了司法努力在每一个案件中让人民群众感受到公平正义的努力。它们共同说明司法体制改革在维护司法公正方面取得的显著成效。

一、浙江"张氏叔侄强奸杀人案"

2014年的最高人民法院工作报告，特别强调坚决防止和纠正冤假错案，各级法院依法宣告825名被告人无罪，确保无罪的人不受刑事追究。特别是以坚决果断的态度依法纠正"张氏叔侄强奸杀人案"等一批重大冤假错案，从错案中深刻汲取教训，强化证据审查，发挥庭审功能，与公安、检察机关分工负责、互相配合、互相制约，建立健全防范刑事冤假错案工作机制，坚守防止冤假错案底线。最高人民法院2014年工作报告中提及的"张氏叔侄强奸杀人案"是党的十八大后纠正冤假错案的重要典型之一。

张辉、张高平系叔侄关系，均为安徽省歙县农民。2004年4月21日，杭州中院一审判决认定，2003年5月18日晚9时许，两人驾驶一辆货车去上海，途中搭载女青年王某，张辉起奸淫王某的邪念，在其叔张高平的帮助下对王某实施强奸，并掐王某颈部致其死亡。遂以强奸罪判处张辉死刑、张高平无期徒刑。宣判后，二人提出上诉。2004年10月19日，浙江高院二审改判张辉死刑缓期二年执行、张高平有期徒刑十五年。服刑期间，张辉、张高平及其亲属委托律师提出申诉。浙江省高级人民法院针对申诉进行复查，于2013年2月6日决定对本案进行再审，经再审查明本案证据存在重大疑点，原审裁判认定事实不清、证据不足、适用法律错误。3月26日，依法宣告张辉、张高平无罪。其后，张辉、张高平获得国家赔偿和补偿救助。2013年5月17日，浙江省高级人民法院对张辉、张高平再审改判无罪作出国家赔偿决定，分别支付张辉、张高平国家赔偿金110.57306万元，共计221.14612万元人民币。

2014年12月4日，张氏叔侄冤案的张辉、张高平被邀请参加最高人民法院第一个国家宪法日"让法治成为信仰"主题宣传暨"12·4"公众开放日活动。此举被现场媒体视为最高法院借此机会向外界表达对冤错案件的立场。张氏叔侄参加了该活动中的讲述故事环节。张高平说："没想到最高法院领导邀请我们到最高法院来参观法院。以前我怕法院，怕打官司，现在我不怕了，没做坏事，我不用怕。"对于未来的打算，张高平称，对将来他没什么特别的打算，只想做个普通人。①

二、"呼格吉勒图案"

最高人民法院2018年工作报告在总结过去五年工作时，指出全国法院系统坚决纠正和防范冤假错案。坚持实事求是、有错必纠，加强审判监督，以对法律负责、对人民负责、对历史负责的态度，对错案发现一起、纠正一起，再审改判刑事案件6747件，其中依法纠正呼格吉勒图案、聂树斌案等重大冤错案件39件78人，并依法予以国家赔偿，让正义最终得以实现，以纠正错案推动法治进步。

呼格吉勒图案也曾经出现在最高人民法院2015年工作报告中。此案系2014年内蒙古自治区高级人民法院再审纠正的一起

---

① 《张氏叔侄冤案当事人亮相最高法宪法日活动》，见 https://news.qq.com/a/20141204/050958.htm。

重大刑事错案。呼格吉勒图原为内蒙古自治区呼和浩特市毛纺厂职工。1996年4月9日晚，一名杨姓女子被扼颈窒息死于公共厕所女厕内。案发当晚，呼格吉勒图与其同事闫某吃完晚饭分手后，到过该女厕所，此后返回工作单位叫上闫某又到案发女厕所内，看到被害人后，二人到附近治安岗亭报案。公安机关认定呼格吉勒图有重大作案嫌疑并将其逮捕，后检察机关向法院提起公诉，经呼和浩特市中级人民法院一审、内蒙古自治区高级人民法院二审，以故意杀人罪、流氓罪，判处呼格吉勒图死刑。1996年6月10日，呼格吉勒图被执行死刑。之后，呼格吉勒图父亲李某某、母亲尚某某向人民法院提出申诉。有关媒体也对此案给予高度关注。由于此案案情复杂，再审工作难度很大，内蒙古自治区高级人民法院在调阅大量案卷材料并认真听取申诉人、辩护人和检察机关意见的基础上，于2014年12月15日再审改判呼格吉勒图无罪；12月30日，内蒙古自治区高级人民法院依法作出国家赔偿决定，决定支付呼格吉勒图父母国家赔偿金人民币205万余元。同时，内蒙古自治区高级人民法院成立调查组，对法院系统相关责任人员开展调查，并将依法依纪严肃追究责任。

三、"聂树斌案"

最高人民法院2017年和2018年工作报告中都出现了聂树斌案，该案受到社会广泛关注。2016年，该案由山东省高级人民法院异地复查、公开听证，并由最高人民法院第二巡回法庭提审，依法改判聂树斌无罪。

1994年9月23日下午，在石家庄市电化厂宿舍区，聂树斌因被石家庄市公安局郊区分局民警怀疑为犯罪嫌疑人而被抓。1994年10月1日，聂树斌被刑事拘留；10月9日，因涉嫌故意杀人、强奸妇女被逮捕。1995年4月25日，聂树斌因故意杀人、强奸妇女被判处死刑，剥夺政治权利终身，同年4月27日被执行死刑。2005年1月17日，河南省荥阳市公安局索河路派出所干警抓获河北省公安机关网上通缉逃犯王书金。王书金除交待在广平县实施多起强奸杀人案件外，还供称曾在石家庄西郊方台村附近玉米地内强奸、杀害一名青年女性，此案即原"聂树斌案"。王书金自称"聂树斌案"背后凶案的真凶的做法，引发社会关注。

2014年12月12日，最高人民法院指令山东省高级人民法院复查河北省高级人民法院终审的聂树斌故意杀人、强奸妇女一案。2015年6月、9月和12月，聂树斌案复查期限先后延期三个月。2016年2月，山东省高级人民法院决定再次延长复查期限三个月，至2016年6月15日。

2016年12月2日，最高人民法院第二巡回法庭对原审被告人聂树斌故意杀人、强奸妇女再审案公开宣判，宣告撤销原审判决，改判聂树斌无罪。再审合议庭一致意见认为，经全面细致审查原审认定的事实、采信的证据、适用的法律和诉讼程序等，原判认定聂树斌故意杀人、强奸妇女的事实不清、证据不足，决定改判聂树斌无罪。无罪判决主要基于以下几点理由：一是聂树斌的作案时间、作案工具来源以及被害人死亡时间和死亡原因这些基本事实不能确认。二是聂树斌被抓获之后前 5 天的讯问笔录、案发之后前 50 天内多名重要证人的询问笔录，以及可以证明聂树斌有无作案时间的重要原始书证考勤表缺失，导致聂树斌原在卷有罪供述的真实性、合法性存疑，有罪供述与在卷其他证据供证一致的真实性、可靠性存疑，本案是否另有他人作案存疑。三是原判据以定案的证据没有形成完整锁链，没有达到证据确实、充分的证明标准，也没有达到基本事实清楚、基本证据确凿的定罪要求。四是在原审有关重要证据缺失的情况下，充分运用了"常理"这个重要的裁判理念。再审判决在评判本案原办案人员当年的行为和事后的解释时多次使用了"不合常理"这一表述，具有重要导向作用。这里的常理，就是普通老百姓都懂得、普遍认同的道理，就是人民群众的公平正义观，人民法院在作出裁判时，应当考量人民群众的公平正义观。

2017 年 3 月 30 日，聂树斌母亲张焕枝收到河北省高级人民法院寄送的国家赔偿决定书，各项赔偿共计 268.13991 万元，其中人身自由赔偿金 52579.1 元，死亡赔偿金、丧葬费 126.482 万元，精神抚慰金 130 万元，张焕枝个人的抚养费 6.4 万元。该赔偿决定中的 130 万元精神损害抚慰金，创下国内冤错案国家赔偿的最高纪录。

最高人民法院公开宣判聂树斌无罪具有重大的历史和现实意义。一是聂树斌案再审改判，有力践行了我们党实事求是、有错必纠的一贯方针，是全面依法治国战略部署的具体落实，是社会进步、法治昌明、司法公正的生动体现。二是聂树斌案再审改判，充分彰显了对人权司法保障的高度重视，是坚持以人民为中心的执政理念在司法领域的具体贯彻，是努力让人民群众在每一个司法案件中都感受到公平正义工作目标的有效落实。三是聂树斌案再审改判，充分展示了党的十八大以来全面深化司法改革的实际成效，是证据裁判、疑罪从无等法律原则的坚定实践，是健全完善冤假错案防范、纠正机制的重要成果，必将在全社会产生信仰法治、信赖司法的正能量。①

四、"张文中案"

最高人民法院在2019年工作报告中，提到"加大涉产权刑事申诉案件清理力度，再审改判张文中无罪，依法甄别纠正涉产权冤错案件，发布两批13个典型案例，传递党中央依法保护产权和企业家人身财产安全的强烈信号，促进稳定社会预期"。原审被告人张文中原系物美控股集团有限公司董事长。2009年3月30日，原审被告人张文中因犯诈骗罪、单位行贿罪、挪用资金罪被判处有期徒刑十二年，并处罚金人民币50万元。2016年10月，张文中向最高人民法院提出申诉。最高人民法院于2017年12月27日作出再审决定。2018年5月31日最高人民法院提审本案后，以认定事实和适用法律错误为由撤销原审判决，改判张文中无罪，原判已执行的罚金及追缴的财产依法予以返还。最高人民法院再审认为，物美集团在申报国债技改贴息项目时，国债技改贴

---

① 《依法改判无罪汲取深刻教训》，见 http://www.xinhuanet.com/mrdx/2016-12/03/c_135877865.htm。

息政策已有所调整，民营企业具有申报资格，且物美集团所申报的物流项目和信息化项目均属于国债技改贴息重点支持对象，符合国家当时的经济发展形势和产业政策。原审被告人张文中、张伟春在物美集团申报项目过程中，虽然存在违规行为，但未实施虚构事实、隐瞒真相以骗取国债技改贴息资金的诈骗行为，并无非法占有3190万元国债技改贴息资金的主观故意，不符合诈骗罪的构成要件。故原判认定张文中、张伟春的行为构成诈骗罪，属于认定事实和适用法律错误，应当依法予以纠正。原审被告单位物美集团在收购国旅总社所持泰康公司股份后，给予赵某30万元好处费的行为，并非为了谋取不正当利益，亦不属于情节严重，不符合单位行贿罪的构成要件；物美集团在收购粤财公司所持泰康公司股份后，向李某某公司支付500万元系被索要，且不具有为谋取不正当利益而行贿的主观故意，亦不符合单位行贿罪的构成要件，故物美集团的行为不构成单位行贿罪，张文中作为物美集团直接负责的主管人员，对其亦不应以单位行贿罪追究刑事责任。原判认定物美集团及张文中的行为构成单位行贿罪，属于认定事实和适用法律错误，应当依法予以纠正。原判认定张文中挪用资金归个人使用、为个人谋利的事实不清、证据不足。故原判认定张文中的行为构成挪用资金罪，属于认定事实和适用法律错误，应当依法予以纠正。

张文中案改判具有重要的意义，张文中再审案件是在全面依法治国、加强产权和企业家权益保护大背景下最高法院依法纠正涉产权和企业家冤错案件第一案，为纠正涉产权和涉民营企业冤错案件、落实产权司法保护树立了典范和标杆。保护民营企业合法利益是维护社会主义市场经济健康发展的核心内容。张文中案被依法改判，贯彻落实了党中央依法平等保护各类所有制经济产权、保护民营企业产权的政策，体现了人民法院纠正冤错案件的决心和坚持，体现了罪刑法定等法治原则，以及人民法院坚持以事实为根据、以法律为准绳的担当精神，这对于稳定民营企业家预期，保障民营企业家安心干事创业，具有重大示范意义。

五、维护社会公平正义系列案例

最高人民法院在2020年工作报告中，强调通过一系列案件审理，破解长期困扰群众的"扶不扶""劝不劝""追不追""救不救""为不为""管不管"等法律和道德风险，坚决防止"谁能闹谁有理""谁横谁有理""谁受伤谁有理"等"和稀泥"做法，让司法有力量、有是非、有温度；让群众有温暖、有遵循、有保障，争做法治中国好公民。最高人民法院的工作报告提到的三个案例较为典型。

1."撞伤儿童离开遇阻猝死案"。郭某某骑自行车与5岁的罗某相撞，造成罗某右颌受伤出血，倒在地上。孙某见状阻止意欲离开的郭某某，并与其发生争执。郭某某情绪激动，被物业公司保安劝阻后坐在石墩上，不久因心脏骤停死亡。郭某某家属将孙某及物业公司诉至法院。河南信阳法院审理认为，孙某阻拦郭某某的方式和内容均在正常限度内，对郭某某死亡后果的发生没有过错，且行为目的是保护儿童利益，不存在侵害郭某某的故意或过失，不承担侵权责任；保安的履职行为与郭的死亡亦无因果关系，判决驳回原告诉讼请求。该案判决明确是非对错，提供行为指引，弘扬社会正气，有利于鼓励公众见义勇为。

2. "私自上树摘杨梅坠亡案"。广州市花都区某村是国家AAA级旅游景区，村委会在河道旁种植了杨梅树。2017年5月19日，该村村民吴某某私自上树采摘杨梅，不慎跌落受伤，随后，该村委会主任拨打120救助，在急救车到来之前又有村民将吴某某送往市区医院治疗，吴某某于摔倒当日抢救无效死亡。吴某某子女李某某等人以某村委会未尽安全保障义务为由起诉该村委会承担赔偿责任共计60余万元。其近亲属以村委会未采取安全风险防范措施、未及时救助为由，将村委会诉至花都区人民法院。一审、二审认为吴某某与村委会均有过错，酌定村委会承担5%的赔偿责任，判令向吴某某的亲属赔偿4.5万余元。2020年1月20日，广州市中级人民法院再审认为，安全保障义务内容的确定应限于管理人的管理和控制能力范围之内。案涉景区属于开放式景区，未向村民或游客提供采摘杨梅的旅游项目，杨梅树本身并无安全隐患，若要求某村委会对景区内的所有树木加以围蔽、设置警示标志或采取其他防护措施，显然超过善良管理人的注意标准。吴某某作为完全民事行为能力的成年人，应当充分预见攀爬杨梅树采摘杨梅的危险性，并自觉规避此类危险行为。吴某某私自爬树采摘杨梅，不仅违反了该村村规民约中关于村民要自觉维护村集体的各项财产利益的村民行为准则，也违反了爱护公物、文明出行的社会公德，有悖公序良俗。吴某某坠落受伤系其自身过失行为所致，某村委会难以预见并防止吴某某私自爬树可能产生的后果，不应认为某村委会未尽安全保障义务。事故发生后，某村委会亦未怠于组织救治。吴某某因私自爬树采摘杨梅不慎坠亡，后果令人痛惜，但某村委会对吴某某的死亡不存在过错，不应承担赔偿责任。

3."小偷逃逸跳河溺亡案"。张某是一名外来务工人员，在一家建筑工地上做架子工。2018年8月9日中午，材料保管员倪某走出工棚时发现张某正在偷电缆线。张某见势不妙，扔下作案工具，拔腿就跑。倪某遂大声呼喊："快来人，抓小偷！"倪某的工友覃某、尤某闻声赶来，三人朝着张某逃跑的方向追赶。因工地上草丛过于密集，张某很快就没了踪影。当倪某三人再次看到张某时，张某已跳入工地附近的河中，河水已没过膝盖。倪某三人担心张某出事，再三要求他上岸，张某不从，倪某当即报警。在警察到来之前，张某不顾倪某三人劝阻，向河水深处游去，最终溺亡。事后，张某家属起诉倪某三人，要求对张某的死亡承担赔偿责任。

江苏省苏州市吴江法院经审理后认为，倪某在事发现场看到张某正在偷盗工地上的电缆线，在张某逃逸时倪某三人追赶的行为并无不当。在张某跳入河中后，倪某三人劝导张某上岸，张某明确表示拒绝并向河水深处游去，倪某立即选择报警。倪某三人对张某欠缺游泳能力无从知晓，且三人水性不佳，不应苛求三人下河施救，故倪某三人的行为未超过必要、合理的限度，三人未下河实施救助亦无明显过错。据此，法院判决驳回张某家属的诉讼请求。这个判决结果符合天理、国法、人情，向民众传达了公平正义的价值导向，鼓励了阻止犯罪的正义行为，弘扬了社会主义核心价值观，实现了法律效果与社会效果的统一。

第五章

法治社会建设成就

坚持法治国家、法治政府、法治社会一体建设，是习近平法治思想的重要内容，是党的十八大以来全面依法治国的基本思路，也是中国共产党关于制定"十四五"规划和2035年远景目标的建议的重要内容。由于历史、文化等方面复杂因素的影响，长期以来，法治社会建设是全面依法治国的薄弱环节，也存在较多问题，例如，全社会的法治文化薄弱，部分群众法治意识淡漠、规则意识缺乏，一些党员领导干部法治思维匮乏，社会治理法治化水平不高，等等。党的十八大以后，在习近平法治思想指导下，我国法治社会建设特别是在社会治理现代化和普法宣传教育方面取得显著成效，为未来的法治社会建设奠定了坚实的基础。

第一节 社会治理现代化成就

党的十八大以来，各地各部门加强和创新社会治理，把社会治安专项治理与系统治理、综合治理、依法治理、源头治理结合起来，努力建设更高水平的平安中国。因此，社会治理现代化与平安中国建设具有密切联系，平安中国建设也与法治中国建设有很多的领域和内容交叉。党的十八大以来，中国建设法治社会，核心是坚持依法治理，加强法治保障，运用法治思维和法治方式化解社会矛盾纠纷，以法治为基础解决社会问题。总体上，我国社会治理现代化水平大大提升，主要表现在社会治理法治化、专业化、社会化、智能化有了长足进步。

一、社会治理理念的创新

科学理念是推动指导实践的伟大力量，在党的十八大后关于社会治理理念创新的推动下，我国社会治理现代化水平大大提升，有力地促进了法治社会建设。2012年，党的十八大报告提出，"要围绕构建中国特色社会主义社会管理体系，加快形成党委领导、政府负责、社会协同、公众参与、法治保障的社会管理体制，加快形成政府主导、覆盖城乡、可持续的基本公共服务体系，加快形成政社分开、权责明确、依法自治的现代社会组织体制，加快形成源头治理、动态管理、应急处置相结合的社会管理机制"。2013年，党的十八届三中全会提出"加快形成科学有效的社会治理体制"的任务，并明确要求："改进社会治理方式。坚持系统治理，加强党委领导，发挥政府主导作用，鼓励和支持社会各方面参与，实现政府治理和社会自我调节、居民自治良性互动。"正是在党的十八届三中全会决定中，"社会治理"概念取代了"社会管理"概念，标志党和国家对社会治理认识的新飞跃，也代表着治理思路的创新与深度变革：由行政色彩更浓的管制转向为有诉求、有困难的群体提供服务；由被动应对社会矛盾转向主动分析预判、源头化解矛盾纠纷；由治标转向标本兼治，重在治本，更加突出了党委领导和政府主导下的多元社会主体共同参与、良性互动。2014年，党的十八届四中全会的有关决定把"推进法治社会建设"作为全面依法治国的重要内容，《中共中央关于全面推进依法治国若干重大问题的决定》在论述全面推进依法治国总目标时，强调要坚持法治国家、法治政府、法治社会一体建设。《决定》第五部分从推动全社会树立法治意识、推进多层次多领域依法治理、建设完备的法律服务体系、健全依法维权和化解纠纷机制四方面系统阐述了增强全民法治观念，推进法治社会建设问题。2015年，党的十八届五中全会通过的《中共中央关于制定国民经济和社会发展第十三个五年规划的建议》提出了创新发展、协调发展、绿色发展、开放发展、共享发展的新发展理念，并就加强和创新社会治理提出："完善党委领导、政府主导、社会协同、公众参与、法治保障的社会治理体制，推进社会治理精细化，构建全民共建共享的社会治理格局。健全利益表达、利益协调、利益保护机制，引导群众依法行使权利、表达诉求、解决纠纷。增强社区服务功能，实现政府治理和社会调节、居民自治良性互动。"

2017年，党的十九大报告明确提出："打造共建共治共享的社会治理格局。加强社会治理制度建设，完善党委领导、政府负责、社会协同、公众参与、法治保障的社会治理体制，提高社会治理社会化、法治化、智能化、专业化水平。"2019年11月，党的十九届四中全会进一步强调必须加强和创新社会治理，完善党委领导、政府负责、民主协商、社会协同、公众参与、法治保障、科技支撑的社会治理体系，建设人人有责、人人尽责、人人享有的社会治理共同体，确保人民安居乐业、社会安定有序，建设更高水平的平安中国。在党的十九届四中全会决定以及党的重要文件中对社会治理体系的表述增加了"民主协商"和"科技支撑"的要求，更加丰富了我党关于社会治理现代化的理论认识。

总结起来，党的十八大以来，以习近平同志为核心的党中央关于社会治理理念的创新主要体现在以下方面：第一，坚持以党的领导为根本保证，把党的领导和我国社会主义制度优势转化为社会治理效能。第二，坚持以人民为中心，着力解决人民群众关心的公共安全、权益保障、公平正义等问题，不断增强人民群众的获得感幸福感安全感。第三，坚持以稳中求进为工作总基调，立足"稳"这个大局，在稳的前提下在关键领域有所进取，在把握好度的前提下奋发有为。第四，坚持以总体国家安全观为统领，把维护国家政治安全放在首位，确保党的执政安全和我国社会主义制度安全。第五，坚持以共建共治共享为格局，完善党委领导、政府负责、社会协同、公众参与、法治保障的社会治理体制。第六，坚持以社会公平正义为价值追求，强化严格执法、公正司法，努力让人民群众在每一个司法案件中都感受到公平正义。第七，坚持以活力有序为目标导向，确保社会既充满生机活力又保持安定有序。第八，坚持以自治法治德治相结合为基本方式，提高社会治理社会化、法治化、智能化、专业化水平。第九，坚持以防范化解风险为着力点，健全风险防控机制，增强社会治理预见性、精准性、高效性；坚持以网上网下为同心圆，提高网络综合治理能力，形成多主体参与、多种手段相结合的综合治网格局。第十，坚持以体制改革和科技创新为动力，加快推进政法领域全面深化改革，促进社会治理科学化、精细化、智能化。第十一，坚持以基层基础建设为重心，坚持和发展"枫桥经验"，推动社会治理重心向基层下移。①

二、推进社会治理现代化的成就

从法治社会建设的实践角度观察，党的十八大以来，以习近平同志为核心的党中央牢牢把握完善和发展中国特色社会主义制度、推进国家治理体系和治理能力现代化这一全面深化改革的总目标，不断创新社会治理理念和思路，着力从源头上预防和减少影响社会和谐稳定的问题发生，使一系列社会治理难题得到有效破解，社会治理现代化和法治社会建设取得重大进展，平安中国更加平安。

1. 全面推进公共法律服务体系建设。公共法律服务体系建设是建设法治社会的重要基础，也是推动社会治理法治化的重要动力，党的十八大后，我国公共法律服务体系建设不断完善，取

---

① 陈一新：《加快推进社会治理现代化》，《人民日报》2019年5月21日，第13版。

得显著成就。党的十八届四中全会从推进全面依法治国的战略高度，提出要"推进覆盖城乡居民的公共法律服务体系建设"。国务院《"十三五"推进基本公共服务均等化规划》对推进公共法律服务体系建设提出明确要求。党的十九届三中全会提出要加强和优化政府法律服务职能，推动公共法律服务主体多元化、提供方式多样化。

2017年9月，司法部印发《关于推进公共法律服务平台建设的意见》，要求各级司法行政机关立足"法律事务咨询、矛盾纠纷化解、困难群众维权、法律服务指引和提供"，打造公共法律服务实体、热线和网络三大平台，到2018年年底前基本实现村（居）法律顾问全覆盖，到2020年总体形成覆盖城乡、功能完备、便捷高效的公共法律服务网络体系。

2018年5月20日，司法部举行"中国法律服务网上线"新闻发布会，中国法律服务网正式上线运行。中国公共法律服务网的总体架构为"一张网络，两级平台"，由一张网络覆盖全地域、全业务，纵向由部、省两级平台组成，平台之间通过数据共享交换系统实现联通；横向由门户网站、"掌上12348"微信公众号、移动客户端组成。截至2018年7月，中国法律服务网汇聚了全国38万多家法律服务机构数据和139万多名从业人员数据，遴选了475个法律服务机构和925名法律服务人员，组建了法律咨询专家团队，健全完善了运行管理制度规范。截至2018年7月22日24时，中国法律服务网累计访问量313万余次，注册用户66万余人，累计法律咨询总量19万余次，其中智能咨询14万余次（75.0%），知识问答咨询 3 万余次（19.6%），留言咨询 1 万余次（5.4%）。[①]

党的十八大以后，我国广泛开展"一村（社区）一法律顾问"建设，为人民群众提供急需的法律帮助和法律服务，有利于帮助人民群众养成遇事找法，维权依法的习惯。例如，在青海省，截至 2019 年年底，全省 1346 名律师、法律服务工作者担任 4605 个村（社区）的法律顾问，全省一村（社区）一法律顾问实现了全覆盖，为完善公共法律服务体系提供了智力支持。

党的十八大后，法律援助门槛进一步降低，法律援助范围进一步扩大，体现了推动法治社会建设的基本要求。根据有关部门的统计，在党的十八大以后的五年中，全国共办理法援案件 631 万余件，有力维护了困难群众合法权益。[②]2017 年，全国共设立法律援助机构 3200 余个，法律援助工作站 7 万余个，全国法援机构共办理法律援助案件 130.7 万余件，法律援助受援人达 138.8 万人次，提供法律咨询超过 838.2 万人次，有力维护了困难群众合法权益，促进了社会和谐稳定，其中，共办理刑事法律援助案件 29 万余件，同比增长 16%。[③]2016 年，浙江全省共办理法律援助案件 9.9 万件，受援人数 10.2 万名，解答各类法律咨询 37.4

[①] 《司法部全面推进公共法律服务体系建设 一系列新举措新探索更好满足群众公共法律服务需求》，见 http://www.gov.cn/xinwen/2018-07/24/content_5308764.htm。
[②] 《党的十八大以来我国全面推进依法治国新成就综述》，《人民日报》2018 年 9 月 7 日，第 5 版。
[③] 《司法部召开法律援助工作新闻发布会暨法律援助智能导航服务平台上线仪式》，《法制日报》2018 年 3 月 10 日，第 1 版。

万人次，为群众挽回损失或取得经济利益 12.64 亿元。[①]

2019 年 7 月，中共中央办公厅、国务院办公厅印发《关于加快推进公共法律服务体系建设的意见》，要求围绕更好满足人民群众对美好生活的向往和日益增长的法律服务需求，加快建设覆盖城乡、便捷高效、均等普惠的现代公共法律服务体系，切实增强人民群众的获得感、幸福感、安全感。该《意见》的印发，必将推动今后的法律公共服务体系建设更加走向深入。

2.广泛开展依法治理活动。

第一，深化法治创建活动。在党的十八大至党的十九大的五年中，据不完全统计，27 个省（区、市）制定了依法治省（区、市）或法治建设纲要，法治创建在省、市、县、乡各层面蓬勃开展。五年多，共表彰了 781 个法治创建活动先进城市（县、市、区），1159 个"全国民主法治示范村（社区）"。通过深化法治创建活动，有力促进了基层治理步入制度化、法治化的轨道，社会治理法治化的基层支撑得以基本实现。

第二，"雪亮工程"建设促进平安建设。"雪亮工程"是以县、乡、村三级综治中心为指挥平台、以综治信息化为支撑、以网格化管理为基础、以公共安全视频监控联网应用为重点的"群众性治安防控工程"。在乡村主要道路口、人群聚集地建设高清摄像头，以固定视频监控、移动视频采集、视频联网入户、联动报警系统为基础，以县、乡镇、村三级监控平台为主体的信息服务项

[①] 《人民日报治理者说：法律援助，给群众"触手可及的正义"》，《人民日报》2017 年 1 月 24 日，第 5 版。

目。利用农村现有电视网络，将公共安全视频监控信息接入农户家庭数字电视终端，发动群众、依靠群众、专群结合，通过实时监控、一键报警、分级处置、综合应用，实现农村地区社会治安防控和群防群治工作无缝覆盖。

2015年5月，九部委联合印发了《关于加强公共安全视频监控建设联网应用的若干意见》，"雪亮工程"开始向全国推广。《意见》提出以加强治安防控、优化交通出行、服务城市管理、创新社会治理等为主要应用领域，到2020年基本实现"全域覆盖、全网共享、全时可用、全程可控"的公共安全视频监控建设目标。2016年9月，国家发展和改革委员会、中央社会治安综合治理委员会办公室、公安部共同批准长春等48个城市获选全国首批公共安全视频监控建设联网应用工程示范城市，并获得中央补助资金。全国共确定的48个示范城市有内蒙古自治区乌海市和呼和浩特市、宁夏回族自治区银川市和吴忠市、甘肃省兰州市和庆阳市、河南省信阳市与三门峡市、河北省石家庄市与邯郸市、广西壮族自治区南宁市与柳州市、无锡市、琼海市、贵阳市、太原市、长春市、宜昌市、重庆市涪陵区、成都市、南昌市、长沙市、临沂市、泉州市等。2016年，公共安全视频监控系统建设被纳入"十三五"规划和国家安全保障能力建设规划。

基于公共安全视频监控建设联网应用，纷繁多样的社会治理信息成为依法治理的重要基础。由于对社会治理信息的充分运用，实践中不是在出现危险后被动弥补，而是能够在出现突发事件、犯罪案件时提前预判、及时应对。

第三,平安建设成效突出。党的十八大以来,在推进社会治理现代化的背景下,全国深入推进社会治安综合治理创新,努力建设更高水平的平安中国,为实现人民安居乐业、社会安定有序、国家长治久安提供了有力保障。党的十八大以来,我国着力提高安全风险预测预警预防能力,筑牢立体化社会治安防控体系。为进一步提高社会治安防控体系整体效能,2015年4月,中共中央办公厅、国务院办公厅印发《关于加强社会治安防控体系建设的意见》,明确了党委领导、政府主导、综治协调、各部门齐抓共管、社会力量积极参与的工作格局。2016年3月,中共中央办公厅、国务院办公厅印发《健全落实社会治安综合治理领导责任制规定》,通过权责明晰、奖惩分明的责任体系和评估、督导、考核、激励、惩戒等手段,进一步压实各级党政领导班子、领导干部社会治安综合治理责任。

党的十八大以后,各地各部门按照社会治理法治化、社会化、专业化,特别是智能化要求,不断推动现代科技手段与社会治安综合治理深度融合,大力促进社会治安综合治理智能化。通过将现代科技运用为社会治安综合治理的大战略、大引擎,以现代科技最新成果优化流程、提升效率、改进手段、破解难题,打造以"天网"网住数据、"天算"算出规律、"天智""智"理社会的智能化体系,切实增强了工作的预见性、精准性、实效性。数据显示,我国群众安全感和满意度由2012年的87.55%上升到

2016年的91.99%,平安中国建设的能力和水平进一步提高。[1]

平安建设的成效也可以从近两年的刑事犯罪发案情况来判断。根据有关部门发布的数据,2019年上半年,全国刑事案件同比下降6%,其中,八类严重暴力案件下降11.1%,涉枪案件下降44%。[2]具体而言,在前三个季度,检察机关共起诉各类刑事犯罪799330人,其中起诉故意杀人、绑架、放火等严重暴力犯罪26609人。[3]

2020年,受疫情防控的间接影响,加上长期以来社会治安防控体系建设的不断推进,严重暴力犯罪数量继续下降,我国是世界公认最有安全感国家之一。据公安部新闻发言人李国忠提供的数据,2020年的前8个月,全国公安机关立刑事案件数同比下降6.2%,治安案件发现受理数同比下降12.4%。全国道路交通事故起数、死亡人数同比分别下降21.6%、34.6%。[4]而2020年全年,全国刑事案件同比下降1.8%,治安案件下降10.4%,较大道路交通事故下降24%;全国公安机关侦破电信网络诈骗犯罪案件32.2万起,同比上升60.8%,抓获跨境赌博犯罪嫌疑人7.5万

---

[1] 《推进社会综治创新 中国群众安全感和满意度超90%》,《人民日报》2017年9月18日,第3版。
[2] 《扫黑除恶专项斗争再开全国推进会,对黑恶势力要依法打深打透除恶务尽》,见 http://www.chinapeace.gov.cn/chinapeace/c54219/2019-10/12/content_12294539.shtml。
[3] 《2019年1至9月全国检察机关主要办案数据》,《检察日报》2019年10月31日,第2版。
[4] 《公安部:我国是世界公认最有安全感国家之一》,见 https://new.qq.com/omn/20200924/20200924V070DE00.html

名,初步遏制了跨境赌博乱象。公安机关发布的这一数据表明,2020年的犯罪总体形势继续发生积极变化,刑事立案数和治安案件数的双下降表明犯罪治理的现代化取得显著进展。由于刑事政策科学、有效,以及社会治理法治化水平的不断提高,多年以来,中国命案发生率每10万人低于1起,成为中国社会稳定奇迹的重要组成部分。我国成为最安全的国家之一,受到国际社会的高度评价。

第四,"扫黑除恶专项斗争"取得全面胜利。2018年以来,在以习近平同志为核心的党中央坚强领导下,全国扫黑除恶专项斗争深入开展。在2018、2019、2020三年中,"扫黑除恶专项斗争"攻坚克难,掀起强大攻势,有力净化了社会环境,极大增强了人民群众获得感、幸福感、安全感,推进了国家治理体系和治理能力现代化。社会各界普遍认为,"扫黑除恶专项斗争"达到了预期目标、取得了全面胜利,是党的十九大以来最得人心的大事之一。

根据有关部门的统计,从开展"扫黑除恶专项斗争"到2020年8月底,全国累计打掉涉黑组织3347个、涉恶犯罪集团10564个,专项斗争5824名目标逃犯到案5512人,到案率达94.6%,4.09万名犯罪嫌疑人投案自首。截至2020年8月底,全国共起诉涉黑涉恶犯罪案件31840件199478人,一审判决24308件151996人,二审判决10463件83583人。目前,全国还有204起涉黑案件在起诉环节，1327 起涉黑案件在审判环节。[①] 与此同时，涉黑涉恶案件背后的职务犯罪问题也受到了严厉打击，据统计，截至 2020 年 10 月底，全国共立案查处涉黑涉恶腐败及"保护伞"案件 76627 起，处理 90171 人，其中厅级干部 315 人、处级干部 4913 人。[②] 2020 年是三年扫黑除恶专项斗争的决胜之年、收尾之年，总结此次扫黑除恶专项斗争的成绩，它对严厉打击直接侵害人民群众切身利益的涉黑涉恶犯罪发挥了不可替代的作用，对于促进社会秩序的持续稳定、增强人民群众的安全感有重要意义。

在三年的"扫黑除恶专项斗争"中，政法机关依法打掉了一批作恶多年的黑恶犯罪团伙，侦办了一批沉积多年的黑恶犯罪案件，查处一批涉黑涉恶腐败分子和"保护伞"，破解一批社会治理难题。其中，一些典型案例成为全社会关注的热点案件，特别是云南"孙小果案"、湖南"操场埋尸案"的处理，彰显了"扫黑除恶专项斗争"的必要性和重要意义，对于今后的法治建设也具有重要的启示意义。

孙小果（曾用名陈果、李林宸），云南省昆明市人，1977年 10 月 27 日出生，1992 年 12 月至 1994 年 10 月在武警云南边防总队新训大队、昆明市支队、武警昆明边防学校服役（因未达到入伍年龄，其继父李桥忠利用担任武警云南边防总队司令部警务

[①] 《将人民战争进行到底！——奋力夺取扫黑除恶专项斗争全面胜利》，见 http://news.jcrb.com/jsxw/2020/202009/t20200927_2208241.html。

[②] 《全国 90171 名"保护伞"被处理！扫黑除恶"打伞破网"战果显著》，见 http://www.chinapeace.gov.cn/chinapeace/c100007/2020-11/20/content_12416511.shtml。

处副处长的职务便利，将其出生日期改为 1975 年 10 月 27 日）。服役期间，孙小果因犯强奸罪，被昆明市盘龙区人民法院于 1995 年 12 月一审判处有期徒刑三年，昆明市中级人民法院于 1996 年 4 月裁定驳回上诉，维持原判（因违法办理保外就医未收监执行）。1997 年 4 月至 11 月，孙小果在保外就医期间又多次犯罪。昆明市中级人民法院于 1998 年 2 月以强奸、强制侮辱妇女、故意伤害、寻衅滋事罪判处其死刑。云南省高级人民法院 1999 年 3 月二审改判其死刑，缓期二年执行，2007 年 9 月再审改判其有期徒刑二十年。

2010 年 4 月 11 日，孙小果经多次减刑后刑满释放，实际服刑十二年零五个月。出狱后，孙小果先后担任云南咪兔投资管理有限公司、云南银合投资有限公司、昆明玺吉商贸有限公司等企业股东，以及原昆明昆都 M2 酒吧等多家酒吧股东或实际控制人。2018 年 7 月 21 日晚，孙小果受李某邀约，先后组织杨某光、冯某逸等 7 人赶到昆明市官渡区金汁路温莎 KTV，对王某涛等人进行殴打，致王某涛重伤二级，其他人不同程度受伤。案发后，昆明市公安局官渡分局于 2018 年 7 月 30 日对其立案侦查，于 8 月 30 日对其取保候审。案件于 2019 年 1 月 3 日移送至官渡区人民法院后，办案部门发现孙小果系 1998 年一审被判处死刑的罪犯，昆明市委遂及时向云南省委报告。云南省委高度重视，要求对该案深挖彻查，依法办理。官渡区人民法院于 2019 年 3 月 18 日决定对其逮捕，公安机关对孙小果 2010 年 4 月刑满释放后涉嫌违法犯罪全面开展侦查，发现孙小果及其团伙成员先后有组织地实施了聚众斗殴、开设赌场、寻衅滋事、非法拘禁等违法犯罪，涉嫌黑恶犯罪，公安机关进行了立案侦查。2019年4月，中央扫黑除恶第20督导组进驻云南后，将该案作为重点案件进行督办。5月，全国扫黑办又将该案列为挂牌督办案件，并派大要案督办组赴云南指导督促案件办理工作。

2019年10月14日，云南省高级人民法院依照审判监督程序对孙小果强奸、强制侮辱妇女、故意伤害、寻衅滋事一案依法再审开庭审理。同时，云南省检察机关已对孙小果出狱后涉嫌黑社会性质组织犯罪提起公诉，云南省监察机关、检察机关依法对孙小果案19名涉嫌职务犯罪的公职人员及重要关系人移送审查起诉。2019年11月6日至7日，玉溪市中级人民法院对孙小果一案公开开庭审理。一审获刑二十五年。12月17日，云南省高级人民法院依法对孙小果组织、领导、参加黑社会性质组织等犯罪一案二审公开宣判，对上诉人孙小果驳回上诉，维持原判。12月23日，云南高院依法公开宣判孙小果再审案，决定执行死刑，2020年2月20日，孙小果被执行死刑。

2019年6月20日凌晨，湖南省新晃县公安局在新晃县某学校跑道内挖出一具遗体，牵出一件2003年的命案。2019年12月17日至18日，"操场埋尸案"一审宣判，杜少平犯故意杀人等罪被判死刑。12月30日，"操场埋尸案"时任校长黄炳松获刑15年。2020年1月10日，"操场埋尸案"二审宣判，维持原判，1月20日，湖南省怀化市中级人民法院对杜少平依法执行死刑。4月3日，"操场埋尸案"相关公职人员渎职犯罪案二审维持原判。

3. 健全完善多元化纠纷化解机制。矛盾纠纷涉及群众生产生活的方方面面，处理及时得当，就能变消极因素为积极因素；反之，就可能激化矛盾，甚至转化为治安案件、刑事案件，有的还可能引发群体性事件，影响到国家政权安全和社会稳定。因此，在推进社会治理现代化和法治社会建设中，健全完善多元纠纷解决机制具有重要意义。

党的十八大以后，党和国家高度重视健全完善多元纠纷化解机制。2014年3月，中共中央办公厅、国务院办公厅印发《关于依法处理涉法涉诉信访问题的意见》，全面阐述建立涉法涉诉信访依法终结制度、依法处理涉法涉诉问题的主要内容、配套措施和工作要求。2014年6月，国务院印发《社会信用体系建设规划纲要（2014—2020年）》，标志中国社会开始步入以社会信用体系建设为核心的社会治理革命的新阶段。2014年7月，国务院印发《关于进一步推进户籍制度改革的意见》，要求适应推进新型城镇化需要，进一步推进户籍制度改革，落实放宽户口迁移政策。2015年10月，中央全面深化改革领导小组第十七次会议审议通过《关于完善矛盾纠纷多元化解机制的意见》，对新时代矛盾纠纷多元化解机制建设进行了全面的顶层设计，矛盾纠纷多元化解机制逐渐从法院系统的内部机制上升为社会治理现代化的全面机制。

人民调解在多元矛盾纠纷化解机制中发挥了重要功能。人民调解是一项具有中国特色的化解矛盾、消除纷争的非诉讼纠纷解决方式，被国际社会誉为化解社会矛盾的"东方经验"。人民调解员处于预防化解矛盾的第一线，往往最先接触也最了解矛盾纠纷产生变化的原因，能够最大限度把矛盾纠纷消除在萌芽状态、就地化解。党的十八大以来，人民调解发挥了更加重要的化解矛盾纠纷的作用。根据统计，近年来，全国人民调解组织每年调解各类纠纷达 900 万件左右，调解成功率 96% 以上，筑牢了维护社会和谐稳定的"第一道防线"。[1]

新时代"枫桥经验"是基层社会治理现代化的集中体现，也是建设多元纠纷化解机制的重要部分。新时代"枫桥经验"是在解决社会矛盾过程中创造的，并在基层社会治理实践中不断创新和发展、延伸至基层社会治理各个领域形成的一整套行之有效的基层社会治理方案，是中国特色基层社会治理的典范。党的十八大后，新时代"枫桥经验"创新发展取得显著成效。

所谓"枫桥经验"，是 20 世纪 60 年代初，浙江省绍兴市诸暨县（现诸暨市）枫桥镇干部群众创造的"发动和依靠群众，坚持矛盾不上交，就地解决。实现捕人少，治安好"的"枫桥经验"。1963 年毛泽东就曾亲笔批示"要各地仿效，经过试点，推广去做"，"枫桥经验"由此成为全国政法战线的典型。2013 年 10 月，习近平就坚持和发展"枫桥经验"作出重要指示强调，各级党委和政府要充分认识"枫桥经验"的重大意义，发扬优良作风，适应时代要求，创新群众工作方法，善于运用法治思维和法治方式解决涉及群众切身利益的矛盾和问题，把"枫桥经验"坚

---

[1]《党的十八大以来我国全面推进依法治国新成就综述》，《人民日报》2018 年 9 月 7 日，第 5 版。

持好、发展好，把党的群众路线坚持好、贯彻好。

在习近平法治思想指导下，新时代"枫桥经验"得到进一步创新发展。从精神实质上看，实现人民的利益是新时代"枫桥经验"的价值导向。"为了人民、依靠人民"是"枫桥经验"的不变要义，其中，"为了人民"体现了"枫桥经验"服务人民的宗旨；"依靠人民"凸显出人民的主体地位。新时代"枫桥经验"是在"变"与"不变"中坚持和发展，"不变"的正是"为了人民、依靠人民"。路径创新是新时代"枫桥经验"的实践特质。我国社会的主要矛盾已经转化为人民日益增长的美好生活需要和不平衡不充分的发展之间的矛盾。实践新时代"枫桥经验"需要社会治理体制机制、方式方法不断创新，关键是坚持自治、法治、德治"三治融合"，这是新时代"枫桥经验"的主要路径。

第二节　普法宣传教育成果

党的十八大以后，党和国家高度重视普法宣传教育。党的十八届三中全会要求"健全社会普法教育机制"；2014 年，《中共中央关于全面推进依法治国若干重大问题的决定》要求"坚持把全民普法和守法作为依法治国的长期基础性工作，深入开展法治宣传教育"，并指出，法律的权威源自人民的内心拥护和真诚信仰。人民权益要靠法律保障，法律权威要靠人民维护。必须弘扬社会主义法治精神，建设社会主义法治文化，增强全社会厉行法治的积极性和主动性,形成守法光荣、违法可耻的社会氛围,使全体人民都成为社会主义法治的忠实崇尚者、自觉遵守者、坚定捍卫者。党的十八届五中全会要求"弘扬社会主义法治精神,增强全社会特别是公职人员尊法学法守法用法观念,在全社会形成良好法治氛围和法治习惯"。2017年,党的十九大报告提出,"加大全民普法力度,建设社会主义法治文化,树立宪法法律至上、法律面前人人平等的法治理念。各级党组织和全体党员要带头尊法学法守法用法,任何组织和个人都不得有超越宪法法律的特权,绝不允许以言代法、以权压法、逐利违法、徇私枉法"。

党的十八大以来,在党中央的坚强领导下,普法宣传教育取得巨大成就,全社会法治观念明显增强,社会治理法治化水平明显提升。新时代,普法宣传教育对于全面依法治国具有战略性意义,它是推动法治社会建设和法治国家建设的基础,也是提升全民族法治素养的战略性举措。从理论上分析,普法宣传教育的意义在于它培养法治精神的价值。法国思想家卢梭曾经说过,一切法律之中最重要的法律,既不是刻在大理石上,也不是刻在铜表上,而是铭刻在公民的内心里。真正的法治社会的建立,需要全社会形成浓厚的法治氛围和法治文化,这有赖于普法宣传教育发挥其本质功能,以推动全社会树立法治意识和社会主义法治理念,养成遵纪守法和用法律途径来解决问题的良好习惯,真正使法治精神深入人心。从国际上的经验分析,可以说,现代法治体系的有效运转离不开社会法治文化的支撑。

我国建设法治社会,需要让全体人民成为社会主义法治的忠实崇尚者、自觉遵守者和坚定捍卫者，法谚有言"法律必须被信仰，否则它将形同虚设"。普法宣传教育就是塑造法治信仰的战略性工程。总体上，党的十八大以来，普法宣传教育更具有实效、更接地气，法治信仰越来越浸润人心，全民守法的氛围也日益浓厚，人民群众投身依法治国实践的积极性和主动性被充分调动起来。

1986年，党中央宣布全国普法开始，以每五年为一个周期。2011年至2015年为"六五"普法规划实施期间。2016年4月，中共中央、国务院转发了《中央宣传部、司法部关于在公民中开展法治宣传教育的第七个五年规划（2016—2020年）》，普法宣传教育进入"七五"普法期间。党的十八大以后，全国第六个五年法制宣传教育规划（2011—2015年）和第七个五年规划顺利实施完成，全国的法治宣传教育工作取得显著成效，例如，以宪法为核心的中国特色社会主义法律体系得到深入宣传，法治宣传教育主题活动广泛开展，多层次多领域依法治理不断深化，法治创建活动全面推进，全社会法治观念明显增强，社会治理法治化水平明显提高，法治宣传教育在建设社会主义法治国家中发挥了重要作用。特别是在"七五"普法期间，各地区各部门按照全面依法治国新要求，深入开展法治宣传教育，扎实推进依法治理和法治创建，大力弘扬社会主义法治精神，建设社会主义法治文化，推进法治宣传教育与法治实践相结合，健全普法宣传教育机制，充分发挥了法治宣传教育在全面依法治国中的基础作用，推动全社会树立法治意识，为经济社会发展营造了良好法治环境，为实现"两个一百年"奋斗目标和中华民族伟大复兴的中国梦作出应有贡献。

具体分析,党的十八大以后的普法宣传教育成就主要有以下几个方面。

第一,建立、完善"谁执法谁普法"普法责任制,更加注重"以案释法",把普法融入执法的全过程。2017年5月,中共中央办公厅、国务院办公厅印发《关于实行国家机关"谁执法谁普法"普法责任制的意见》,让国家机关在执法的过程中精准普法,让人民群众更好地理解法律规定,自觉执行法律裁决,并在法治实践中感受、培养法治精神。通过贯彻"谁执法谁普法"的普法责任制,建立了普法责任清单制度。通过建立法官、检察官、行政执法人员、律师在执法、司法过程中的以案释法制度,优秀利用办案各个环节宣讲法律,及时解疑释惑。同时,判决书、裁定书、抗诉书、决定书等法律文书更加重视发挥普法宣传教育的功能,普遍围绕争议焦点充分说理,深入解读法律。此外,通过在执法司法实践中广泛开展以案释法和警示教育,使案件审判、行政执法、纠纷调解和法律服务的过程成为向群众弘扬法治精神的过程。党的十八大以后,各司法机关、执法机关更加重视典型案例的普法选举教育功能,加强了司法、行政执法案例整理编辑工作,通过建立司法、行政执法典型案例发布制度发挥普法功能。

党的十八大以来,广播电视、报纸期刊、互联网和手机媒体等大众传媒更加自觉履行普法责任,在重要版面、重要时段制作刊播了大量、高质量的普法公益广告,针对社会热点和典型案

（事）例开展及时权威的法律解读，积极引导社会法治风尚。

第二，青少年法治教育成效显著。法治宣传教育的对象是一切有接受教育能力的公民，重点是领导干部和青少年。"七五"普法期间，法治教育被纳入国民教育体系。通过制定青少年法治教育大纲，完善了中小学法治课教材体系，编写了大量法治教育教材、读本，有些地方将其纳入了地方课程义务教育免费教科书范围，在小学普及宪法基本常识，在中、高考中增加法治知识内容，帮助青少年从小树立宪法意识和国家意识。党的十八大以来，青少年法治教育完善了法治教材体系，形成了学校、家庭、社会"三位一体"的青少年法治教育格局。在此期间，法治教育逐渐被纳入"中小学幼儿园教师国家级培训计划"，法治课教师、分管法治教育副校长、法治辅导员等队伍的教育培训也大大加强。

自 2016 年起，全国在义务教育阶段设立了道德与法治课程，在六年级和八年级设置了法治教育专册。各地充分发挥"第二课堂"作用，引导学生参与法治实践。全国中小学普遍配备了法治副校长、法治辅导员，已经有 15 个省（区、市）实现了 100%配备。

第三，普法宣传教育更加突出领导干部"关键少数"。领导干部做尊法学法守法用法的模范，是实现全面依法治国目标和任务的关键所在。党的十八大以来，中共中央政治局率先垂范带头学法，各级党组织和国家机关集体学法已形成制度。2016 年，司法部会同有关部门印发了《关于完善国家工作人员学法用法制度的意见》，明确将宪法法律和党内法规列入各级党委（党组）中心组年度学习计划，推动领导干部带头尊法学法守法用法。

党的十八大后，各级国家机关不断完善国家工作人员学法用法制度，把宪法法律和党内法规列入党委（党组）中心组学习内容，列为党校、行政学院、干部学院、社会主义学院必修课，把法治教育纳入干部教育培训总体规划，纳入国家工作人员初任培训、任职培训的必训内容，在其他各类培训课程中融入法治教育内容，有效保证干部教育培训中法治培训课时数量和培训质量，切实提高领导干部运用法治思维和法治方式深化改革、推动发展、化解矛盾、维护稳定的能力，切实增强国家工作人员自觉守法、依法办事的意识和能力。特别是，在"七五"普法期间，更加注重加强党员领导干部的党章和党内法规学习教育，引导党员领导干部增强党章党规党纪意识，严守政治纪律和政治规矩，在廉洁自律上追求高标准，自觉远离违纪红线。通过健全日常学法制度，创新学法形式，拓宽学法渠道，增强了普法教育的实效性。更重要的是，在"七五"普法期间，各级党组织把尊法学法守法用法情况作为考核领导班子和领导干部的重要内容，把法治观念强不强、法治素养好不好作为衡量干部德才的重要标准，把能不能遵守法律、依法办事作为考察干部的重要内容，有效保障了普法教育的严肃性和权威性。

第三部分

2035年全面依法治国远景目标与基本战略

第一章
2035年全面依法治国的目标及关键问题

第一节　全面依法治国的 2035 年远景目标

党和国家确定的全面依法治国目标有着清晰的发展脉络和周到的考量。党的十八届四中全会从五个方面提出了建设中国特色社会主义法治体系的目标要求，即"形成完备的法律规范体系、高效的法治实施体系、严密的法治监督体系、有力的法治保障体系，形成完善的党内法规体系"。党的十九大报告将建设中国特色社会主义法治体系、建设社会主义法治国家作为全面依法治国的总目标，并提出了"两个重要时间段"：从2020年到2035年，在全面建成小康社会的基础上，再奋斗十五年，基本实现社会主义现代化。人民平等参与、平等发展权利得到充分保障，法治国家、法治政府、法治社会基本建成，各方面制度更加完善，国家治理体系和治理能力现代化基本实现。从2035年到本世纪（21世纪）中叶，在基本实现现代化的基础上，再奋斗十五年，把我国建成富强民主文明和谐美丽的社会主义现代化强国。根据党的十九大确定的安排，全面依法治国的任务主要应在第一阶段完成，即到 2035 年"法治国家、法治政府、法治社会基本建成"。第二阶段的目标则是在 2050 年"全面建成法治中国"，即全面依法治国达到更成熟的状态。因此，2035 年是全面依法治国战略中重要的一年，在未来的十五年中，应当基本建成法治国家、法治政府、法治社会。

2020 年 10 月，党的十九届五中全会审议通过的《中共中央关于制定国民经济和社会发展第十四个五年规划和二〇三五年远景目标的建议》，在党的十九大报告的基础上，再次明确"基本建成法治国家、法治政府、法治社会"的目标，并将其作为到 2035 年基本实现社会主义现代化远景目标的重要内容。到 2035 年的全面依法治国大战略应当以此目标为中心，按照党中央的部署，区分轻重缓急，逐步推进。

2020 年 10 月，党的十九届五中全会通过《中共中央关于制定国民经济和社会发展第十四个五年规划和二〇三五年远景目标的建议》，对 2035 年远景目标的整体进行了规划，其中包含了对全面依法治国目标的要求，"党的十九大对实现第二个百年奋斗目标作出分两个阶段推进的战略安排，即到二〇三五年基本实现社会主义现代化，到本世纪中叶把我国建成富强民主文明和谐美丽的社会主义现代化强国。展望二〇三五年，我国经济实力、科技实力、综合国力将大幅跃升，经济总量和城乡居民人均收入将再迈上新的大台阶，关键核心技术实现重大突破，进入创新型国家前列；基本实现新型工业化、信息化、城镇化、农业现代化，建成现代化经济体系；基本实现国家治理体系和治理能力现代化，人民平等参与、平等发展权利得到充分保障，基本建成法治国家、法治政府、法治社会；建成文化强国、教育强国、人才强国、体育强国、健康中国，国民素质和社会文明程度达到新高度，国家文化软实力显著增强；广泛形成绿色生产生活方式，碳排放达峰后稳中有降，生态环境根本好转，美丽中国建设目标基本实现；形成对外开放新格局，参与国际经济合作和竞争新优势明显增强；人均国内生产总值达到中等发达国家水平，中等收入群体显著扩大，基本公共服务实现均等化，城乡区域发展差距和居民生活水平差距显著缩小；平安中国建设达到更高水平，基本实现国防和军队现代化；人民生活更加美好，人的全面发展、全体人民共同富裕取得更为明显的实质性进展"。

从党的十九届五中全会决定中可以看出，全面依法治国到2035年的主要目标是"基本实现国家治理体系和治理能力现代化，人民平等参与、平等发展权利得到充分保障，基本建成法治国家、法治政府、法治社会"，一个"基本实现"加三个"基本建成"组成了到2035年全面依法治国应当完成的任务。党的十九届五中全会决定的表述也充分说明了全面依法治国与国家治理体系和治理能力现代化的紧密关联，是坚持在法治轨道上推进国家治理体系和治理能力现代化的具体体现。

2021年1月，中共中央印发《法治中国建设规划（2020—2025年）》，对未来五年全面依法治国进行了具体部署，并将其作为实现2035年远景目标的第一个重要步骤。《法治中国建设规划（2020—2025年）》指出，"建设法治中国，应当实现法律规范科学完备统一，执法司法公正高效权威，权力运行受到有效制约监督，人民合法权益得到充分尊重保障，法治信仰普遍确立，法治国家、法治政府、法治社会全面建成"。《法治中国建设规划（2020—2025年）》还具体确立了未来五年和到2035年全面依法治国的主要目标，"到2025年，党领导全面依法治国体制机制更加健全，以宪法为核心的中国特色社会主义法律体系更加完备，职责明确、依法行政的政府治理体系日益健全，相互配合、相互制约的司法权运行机制更加科学有效，法治社会建设取得重大进展，党内法规体系更加完善，中国特色社会主义法治体系初步形成。到2035年，法治国家、法治政府、法治社会基本建成，中国特色社会主义法治体系基本形成，人民平等参与、平等发展权利得到充分保障，国家治理体系和治理能力现代化基本实现"。

除了到2035年基本建成法治国家、法治政府、法治社会的表述以外，《法治中国建设规划（2020—2025年）》还强调"中国特色社会主义法治体系基本形成"。众所周知，中国特色社会主义法治体系是中国特色社会主义制度的法律表达，也是全面推进依法治国的总抓手。它包括完备的法律规范体系、高效的法治实施体系、严密的法治监督体系、有力的法治保障体系，形成完善的党内法规体系等五大体系。因此，未来的全面依法治国，主要任务即为推进五大体系的完善。

其中，形成完备的法律规范体系首先要抓住立法质量这个关键要素，着力提升立法质量，其次还要着重推动重点领域立法。高效的法治实施体系是中国特色社会主义法治体系的关键环节，这是因为"徒法不足以自行",法律的生命在于实施。高效的法治实施体系是将"完备的法律规范体系"从"纸面上的法"转化为"生活中的法"的必备要素,它对宪法实施、严格执法、公正司法都提出了更高的要求。严密的法治监督体系是中国特色社会主义法治体系的重要特征,也是全面依法治国与全面从严治党有机统一的具体体现。"权力导致腐败,绝对权力导致绝对腐败",立法、执法、司法各个环节都需要加强权力制约监督,有效的制约监督是保障人民权利、维护社会公平正义的前提条件。形成完备的法治监督体系首先需要完善立法、执法、司法中的权力运行制约和监督机制,同时还要充分发挥党内监督的主体作用,有效发挥人大监督、司法监督、审计监督、民主监督、行政监督、社会监督、舆论监督等监督机制的效能。有力的法治保障体系要求在法治的全过程形成结构完整、机制健全、资源充分的保障系统,主要有党的领导的根本保障、高素质法治工作队伍的人员保障、法治文化的深层次保障,以及财政、科技等方面的资源和技术的有力保障。完善的党内法规体系是中国特色社会主义法治体系的重要组成部分。加强党内法规制度建设,不断完善党内法规体系,既是全面从严治党、依规治党的必然要求,也是全面推进依法治国的重要内容。

第二节　实现 2035 年远景目标的关键性问题

一、推进全面依法治国是实现 2035 年远景目标的战略性选择

党的十八大以来，在习近平法治思想的指导下，全面依法治国开创了新局面，为在新的起点上建设法治中国奠定了坚实基础。在新时代，继续深入推进全面依法治国是实现 2035 年远景目标的必然要求，也是到 21 世纪中叶实现中华民族伟大复兴中国梦的战略性选择。

党的十八大以来，当今世界正经历百年未有之大变局，国际、国内形势发生了深刻、复杂的变化。我国正处于实现中华民族伟大复兴的关键时期，改革发展稳定任务艰巨繁重，全面对外开放深入推进，社会主要矛盾已经发生了新的变化，人民群众在民主、法治、公平、正义、安全、环境等方面的要求日益增长。在这样的新的时代条件下，需要更好地发挥法治固根本、稳预期、利长远的保障作用，需要更加坚定地推进全面依法治国。在统揽伟大斗争、伟大工程、伟大事业、伟大梦想，全面建设社会主义现代化国家新征程上，必须把全面依法治国摆在全局性、战略性、基础性、保障性位置，向着全面建成法治中国不断前进。

把全面依法治国摆在全局性、战略性位置是推进国家治理体系和治理能力现代化的必然要求。法治体系作为一国制度体系的骨干和主要体现，法治建设水平直接决定了国家治理体系和能力的发展水平。实现 2035 年远景目标和中华民族伟大复兴的中国梦，离不开国家治理体系和治理能力的现代化，也离不开全面依

法治国的保障。中国法治体系的建立与完善是中华民族伟大复兴的重要标志。中华民族伟大复兴的中国梦一定要实现，也一定会实现。在实现中华民族伟大复兴的中国梦问题上，必须充分认识到法治建设的极端重要性。

2014年，习近平总书记在党的十八届四中全会第二次全体会议上的讲话中指出，"历史是最好的老师。……经验和教训使我们党深刻认识到，法治是治国理政不可或缺的重要手段。法治兴则国家兴，法治衰则国家乱。什么时候重视法治、法治昌明，什么时候就国泰民安；什么时候忽视法治、法治松弛，什么时候就国乱民怨"。他还强调，"综观世界近现代史，凡是顺利实现现代化的国家，没有一个不是较好解决了法治和人治问题的，相反，一些国家虽然也一度实现快速发展，但并没有顺利迈进现代化的门槛，而是陷入这样或那样的'陷阱'，……很大程度上与法治不彰有关"。从习近平总书记的这一论述中，我们可以发现，在推进社会主义现代化、实现中华民族伟大复兴中国梦的过程中，法治建设绝不是可有可无，而是关键一招、至关重要的。

世界百年未有之大变局，意味着当前国际格局和国际体系正在发生深刻调整，全球治理体系正在发生深刻变革，国际力量对比正在发生近代以来最具革命性的变化，"一家独大"的单极世界向协同共治的多极世界的重大转变。在这一大变局中，我国发展仍处于并将长期处于重要战略机遇期，迎来了从站起来、富起来到强起来的伟大飞跃，时与势在我们这一边；重大挑战则是，中国作为新兴大国，越来越受到以美国为首的西方国家的打压、围堵与遏制。在更加激烈的国际竞争中，我们必须清醒地认识到，国际竞争的表象是经济、科技领域的博弈，而实质则是政治、制度、法治水平的比拼。中国只有创造出超越西方的既有法治体系又符合中国国情的"中国法系"，才能在这场事关中华民族伟大复兴的竞争中脱颖而出；只有在法治实践中更好地维护公平正义、保障人民权利，才能彰显中国特色社会主义制度的巨大优越性；只有建立具有中国特色的可借鉴的法治体系，才能更好地为人类法治文明贡献中国智慧和中国方案。因此，在实现2035年远景目标的过程中，全面依法治国肩负着无可比拟的重任。它需要以具有显著优势的实践促进经济社会发展，需要更好地维护社会公平正义和保障人民权利，需要充分地展现"中国之治"的巨大优越性。

二、加强党的领导是推进全面依法治国的最根本保证

建设法治中国，必须始终把党的领导作为社会主义法治最根本的保证，这是中国特色社会主义的本质要求。众所周知，中国特色社会主义最本质的特征是中国共产党领导，中国特色社会主义制度的最大优势是中国共产党领导，党是最高政治领导力量。坚持中国特色社会主义法治道路，最根本的是坚持中国共产党的领导，党的领导是中国特色社会主义法治的"魂"，也是中国特色社会主义法治与其他国家法治，特别是西方国家法治的最大区别。

中国共产党的领导是历史的选择、人民的选择。党在全面依

法治国中的领导地位是由宪法和法律明确确立的。2018年宪法修改，在序言中确定党的领导地位的基础上，又在总纲中明确规定了中国共产党领导是中国特色社会主义最本质的特征的内容，进一步在宪法上强化了党总揽全局、协调各方的领导地位。同时，党的领导也是全面依法治国的最大保障，历史和事实都充分说明，只有在党的领导下，依法治国才能步入正轨、行稳致远，人民当家作主和各种权利才能充分实现，国家治理和社会治理法治化才能有序推进。未来的全面依法治国，首先也是最关键的就是坚持和加强党对全面依法治国的领导，只有在党的坚强领导下，中国才能真正地建立法治国家、实现中华民族伟大复兴的中国梦。

在实现2035年远景目标的过程中，坚持和加强党对全面依法治国的领导，主要有以下几个方面的重要任务。

首先，深入贯彻落实习近平法治思想。习近平法治思想是全面依法治国的根本遵循和行动指南。深入学习贯彻习近平法治思想、深刻领会蕴含其中的马克思主义立场观点方法，全面准确把握精神实质、丰富内涵和核心要义，是推进全面依法治国最重要的任务，也是做好法治建设工作最重要的前提。各级、各地国家机关都应当把学习贯彻习近平法治思想作为深入推进全面依法治国的重点内容，党员、干部、高校、法治工作部门和人员更要进行系统的学习和培训，掌握习近平法治思想的精髓要义，并将其作为指导自身工作的思想武器。

其次，深入推进依法执政。坚持依法治国、依法执政、依法行政共同推进是习近平法治思想的重要内容，也是建设法治中国的基本路径。推进依法执政需要进一步健全党的全面领导制度，推进党的领导入法入规，着力实现党的领导制度化、法治化。同时，在法治实践中应当进一步完善党领导人大、政府、政协、监察机关、审判机关、检察机关、武装力量、人民团体、企事业单位、基层群众自治组织、社会组织等的具体制度，以制度保障党的领导落到实处。为此，在未来法治建设中，应当在各个国家机关组织法中明确规定坚持党的全面领导内容，政协、民主党派、工商联、人民团体、国有企事业单位等的章程中也应当明确规定党的领导的内容。

再次，应当进一步提高领导干部运用法治思维和法治方式的能力。领导干部作为全面依法治国中的"关键少数"，其法治意识、法治素养和法治精神的高低对于法治建设的进度和实效有直接影响。为此，在实现2035年远景目标的过程中，应当进一步加强针对领导干部的普法教育力度，建立领导干部应知应会法律法规清单制度，推动领导干部做尊法学法守法用法的模范。按照《法治中国建设规划（2020—2025）》的要求，应逐步把党员领导干部的法治素养和依法履职情况作为考核评价干部的重要方面。推动各级领导干部不断提高全面提高运用法治思维和法治方式深化改革、推动发展、化解矛盾、维护稳定、应对风险的能力，自觉抵制和避免出现以言代法、以权压法、逐利违法、徇私枉法等现象。

最后，应当进一步完善加强党对全面依法治国的领导机制。

为此，需要在未来进一步健全党领导立法、保证执法、支持司法、带头守法的制度、机制。根据已经确定的党政主要负责人是推进法治建设第一责任人的制度，需要完善相应的落实、考核、评价机制，把责任与职责压实、做细。同时，还需要进一步强化法治建设工作在各级党委工作中的重要性，法治建设与经济社会发展等工作应当同部署、同推进、同考核。此外，还应当进一步完善针对法治建设的考核指标体系和标准等制度建设，增强考核指标体系和标准的全面性、概括性和准确性，以加强对法治建设工作的考核力度。

三、维护社会公平正义是推进全面依法治国的关键性任务

在习近平法治思想中，公平正义论是重要的组成部分，也是凸显中国法治优越性的关键性领域。习近平法治思想中的公平正义论具有丰富的内容，是理论性与实践性高度统一的指导全面依法治国实践的重要思想，是直接体现中国特色社会主义法治体系巨大优越性的重要领域。从理论上分析，习近平法治思想中的公平正义论主要有以下三个方面内容：公正是法治的生命线；让人民群众在每一个执法、司法案件中都能感受到公平正义；健全社会公平正义法治保障制度。应当说，公平正义论是习近平法治思想中的重要内容和显著特色，具有重要的理论和实践意义。

从实现中华民族伟大复兴中国梦的角度出发，为了实现2035年远景目标，深入推进全面依法治国必须以习近平法治思想中的公平正义论为指导，更加重视在实践中维护社会公平正义和人民

权利问题。为此，需要在法治实践中做好以下几个方面的工作。

第一，法治实践中应当进一步贯彻平等原则、明确性原则的要求，以更好地维护社会的公平正义。从理论上分析，平等原则、明确性原则是法律制度满足公正、正义要求的前提。所谓平等原则指的是公民在法律面前一切平等，这里的平等强调的是法律资格的平等、受到同等待遇的平等，包括立法上的平等，执法、司法中的平等以及守法上的平等；明确性原则指的是法律规范在立法上应当清晰、确定，并且在法律适用过程中消除模糊性，增强人们对未来的可预期性，加强对执法司法的制约监督以保护公民合法权利，有效遏制执法、司法腐败。

随着全面依法治国的不断推进，应当进一步在立法、执法、司法中贯彻平等原则、明确性原则的要求。目前，实践中仍然存在违背平等原则与明确性原则的一些突出问题。例如，现在存在的人身伤害赔偿中的"同命不同价"问题、执法中的选择性执法问题。司法领域中混淆罪与非罪界限，把经济纠纷作为刑事犯罪处理、以罚代刑等又违背了明确性原则的要求，也严重损害了社会公平正义。

习近平总书记指出，"各类市场主体最期盼的是平等法律保护。一次不公正的执法司法活动，对当事人而言，轻则权益受损，重则倾家荡产"。"法律面前人人平等"是现代法治国家公认的基本原则，在立法上，它要求尊重公民的平等权利，法律面前一律平等；在执法中，它要求平等对待所有的行政相对人，避免选择性执法、利益驱动的执法等不良现象；在司法中，它要求对每一个公民在适用法律上必须人人平等。因此，同等情形同等对待、同类问题同样处理，构成了法治社会中最基本的公正标准。以司法为例，为了更好地贯彻平等原则和明确性原则，司法裁判在实体上要公平公正、"类案同判"，同等保护一切诉讼主体的合法权益，进一步落实法律统一适用工作机制，对诉讼当事人适用法律一律平等，满足人民群众对司法确定性的预期，提升司法公信力。

第二，进一步加强人权的法治保障。在法治社会中，维护社会公平正义与加强人权保障有内在的紧密联系。"坚持以人民为中心"的核心要求就是依法保障人民群众合法权利，加强人权保障是坚持以人民为中心的直接体现，也是贯彻习近平法治思想中的公平正义论的重要体现。

习近平总书记多次强调加强人权保障与维护社会公平正义的密切联系。例如，习近平总书记指出，"近代以后，中国人民历经苦难，深知人的价值、基本人权、人格尊严对社会发展进步的重大意义。长期以来，中国坚持把人权的普遍性原则同中国实际相结合，不断推动经济社会发展，增进人民福祉，促进社会公平正义，加强人权法治保障"。

在全面依法治国进程中，加强人权的法治保障是维护社会公平正义的出发点，以人权的法治保障促进社会公平正义。具体而言，加强人权的法治保障就需要进一步切实保障人民的经济、政治、社会、文化、环境等各项权利，切实保障少数民族、妇女、儿童、老年人和残疾人等群体的权利，使他们能以平等的地位和均等的机会充分参与社会生活，共享物质文明和精神文明成果。在法治政府建设中，应当以建设有限政府、责任政府、服务政府为目标，依法确定行政权力界限，确立法无授权不可为的原则，实施权力清单、责任清单制度，禁止法外设权、违法用权。在推进公正司法中，应当切实保障犯罪嫌疑人、被告人和当事人的人权与各项诉讼权利，特别是获得公正审判的权利。为此，需要进一步推进以审判为中心的刑事诉讼制度改革，严格贯彻罪刑法定、证据裁判、非法证据排除等规定，以人权的司法保障维护公平正义。

第三，让人民群众在法治实践中感受到公平正义。党的十八大以来，习近平总书记高度重视在法治实践中让人民群众感受到公平正义问题，多次强调"努力让人民群众在每一项法律制度、每一个执法决定、每一宗司法案件中都感受得到公平正义"。"让人民群众感受到公平正义"的前提是每一项法律制度、每一个执法决定、每一个司法判决都具有实体上的正当性，同时，它还要求立法、执法、司法遵循程序正义的要求，以人民群众看得见、摸得着、感受得到的方式实现公平正义。

为了让人民群众在法治实践中时时感受到公平正义，这就要求在立法、执法、司法、守法各个环节都做到以下标准。首先，不仅维护公平正义，还要努力让人民群众感受到公平正义。以司法判决为例，它不但要求司法裁判应当严格依法作出，还要求最大限度地符合普通人的常识、常情、常理，与人民群众的期盼同频共振，最大限度追求情理法的有机统一，只有接近、符合常识、常情、常理的判决，才能让人民群众"感受"到公平正义。其次，它不但要求司法判决维护实体公正，还要求司法过程维护程序公正。司法程序遵循程序正义的要求，在程序上才能让人民群众感受到公平正义。这对司法公开、透明提出很高的要求，也对公民有效参与司法提出更高的要求。再次，"让人民群众感受到公平正义"不仅仅是让当事人、诉讼参与人感受到公平正义，还包括让案外人及一般社会公众都感受到公平正义。最后，它不但要求通过司法实现公平正义，还要求快速地实现公平正义。法谚云："迟到的正义非正义。"只有不断提升司法效率，才能让人民群众切实在每一个司法案件中"感受到公平正义"。因此，关于"让人民群众在每一个司法案件中感受到公平正义"的目标，本质上是对司法的更高要求，我们应当从不同的维度来把握。

第二章
全面依法治国的目标与任务

第一节 加强宪法实施的目标与任务

根据党的十九届五中全会的规划,未来全面贯彻实施宪法,坚定维护宪法尊严和权威主要应当完成以下目标和任务。

一、加强宪法实施和监督

深入推进全面依法治国,建设法治中国,必须充分发挥宪法在治国理政中的重要地位和作用,把依宪治国与依宪执政融入法治中国建设全过程。依宪治国、依宪执政就是要坚持宪法法律至上,加强宪法实施,一切法律法规规章规范性文件都不同宪法相抵触,一切违反宪法法律的行为都予以追究。

加强宪法的实施和监督,事关重大,关系到党和国家前途命运、人民幸福安康。必须强调的是,我国实行的依宪治国、依宪执政,与西方语境下所谓的"宪政"有着本质区别。我们坚持依宪治国、依宪执政,最核心的是坚持宪法确定的中国共产党的领导地位,坚持宪法确立的人民民主专政的国体和人民代表大会制度的政体。还需要指出的是,党领导人民制定、实施宪法法律与党在宪法法律范围内活动是有机统一的,党的领导是保障宪法法律有效实施的最大保障,党在宪法法律范围内活动是全面依法治国和依宪执政的题中应有之义。全国各族人民、一切国家机关和武装力量、各政党和各社会团体、各企业事业组织,都负有维护宪法尊严、保证宪法实施的职责,都不得有超越宪法法律的特权。

全面贯彻实施宪法是建设社会主义法治国家的首要任务和基础性工作。全国人大及其常委会负有保证宪法实施、加强宪法监督的法定职责。根据《法治中国建设规划(2020—2025年)》,在未来五年中,全国人大及其常委会将切实担负起宪法监督职责,加强宪法实施和监督,并将其作为全国人大常委会年度工作报告的重要事项。在推进合宪性审查工作,健全合宪性审查制度方面,主要有以下任务:进一步建立健全合宪性审查的原则、内容、程序;建立健全涉及宪法问题的事先审查和咨询制度;行政法规、军事法规、监察法规、地方性法规、经济特区法规、自治条例和单行条例、部门规章、地方政府规章、司法解释以及其他规范性文件和重要政策、重大举措,凡涉及宪法有关规定如何理解、实施、适用问题的,都应当向全国人大常委会书面提出合宪性审查请求;在备案审查工作中,应当注重审查是否存在不符合宪法规定和宪法精神的内容,以合宪性审查为主要任务。为此,全国人大常委会将加强备案审查制度和能力建设,拓展备案审查信息平台功能,加强主动审查和专项审查,实行有件必备、有备必审、有错必纠,坚决维护宪法法律的权威和尊严。

此外，我国成文宪法的性质决定，解释宪法也是实施宪法的重要方式和途径。未来全国人大及其常委会还将进一步加强宪法解释工作，落实宪法解释程序机制，以宪法解释明确涉及宪法问题的争议，促进宪法的实施，维护宪法的权威。

二、加强宪法宣传教育

维护宪法权威和加强宪法实施是全体公民的基本义务，全社会都需要进一步树立尊崇宪法、学习宪法、遵守宪法、维护宪法、运用宪法的精神。根据《法治中国建设规划（2020—2025年）》的部署，未来将进一步在全国加强宪法学习宣传教育活动，普及宪法知识，弘扬宪法精神。特别是，未来还将着力提高领导干部运用法治思维和法治方式深化改革、推动发展、化解矛盾、维护稳定的能力，抓住领导干部这个"关键少数"，把宪法法律学习列为党委（党组）理论学习中心组学习的重要内容，纳入党和国家工作人员培训教育体系，最终在全社会形成尊崇宪法、敬畏宪法、遵守宪法、维护宪法的良好氛围。可以预见的是，宪法宣誓制度将全面落实，各级国家工作人员在就职时都将进行严肃的宪法宣誓制度，彰显宪法权威，塑造尊崇宪法的政治文化。与此同时，未来的普法宣传教育工作中，宪法的宣传教育将成为重点，人民群众的宪法知识和宪法意识将进一步增强。特别是，青少年的宪法法律教育将大大加强，青少年的宪法意识、规则意识、法治观念将进一步提高。《法治中国建设规划（2020—2025年）》还特别提出，未来五年，将在"五四宪法"历史资料陈列馆基础上建设国家宪法宣传教育馆，成为国家级的宪法宣传教育基地，加强宪法宣传教育的阵地和效果。可以预见，在实现 2035 年远景目标的过程中，我国还将进一步加强宪法理论研究，根据我国宪法的时代特色和实践特色，形成中国特色社会主义的宪法理论和宪法话语体系，并成为中国特色社会主义法治理论和话语体系的重要内容。

第二节　立法建设的目标与任务

在深入推进全面依法治国过程中，建设完备的法律规范体系，以良法促进发展、保障善治是重要任务，高质量立法对于保障高质量发展、推动全面深化改革、维护社会大局稳定有不可替代的意义。为此，未来还将继续加强和改进立法工作，特别是将不断推进科学立法、民主立法、依法立法，以此提高立法质量和效率。在立法领域，首先也是最重要的是坚持依宪立法，要将宪法精神贯彻到立法工作全过程和各方面。宪法规定的是国家的重大制度和重大事项，宪法是所有立法活动的根本依据，依法立法首先是依宪立法。因此，未来的立法活动，应当在习近平法治思想指导下，以完备的法律推动宪法实施，保证宪法确定的制度、原则和精神得到贯彻实施，把宪法精神贯彻到立法工作的各方面和全过程，努力使每一项立法都符合宪法精神和人民意愿。

根据 2035 年远景目标的要求，以及《法治中国建设规划

（2020—2025年）》的部署，未来的立法工作主要有以下任务。

一、完善立法工作格局

未来，党对立法工作的领导将进一步加强，将进一步形成党委领导、人大主导、政府依托、各方参与的立法工作格局。党对立法工作的领导，首先指的是党中央领导全国立法工作、研究决定国家立法工作中的重大问题。其次，有立法权地方的党委按照党中央大政方针领导本地区立法工作。

在完善人大主导立法工作的体制机制方面。首先，将进一步加强人大对立法工作的组织协调，人大及其常委会的审议在立法中的把关作用将进一步得到发挥。其次，全国人大相关专门委员会、全国人大常委会工作机构牵头起草重要法律草案机制将进一步健全，成为人大主导立法工作的重要体现。再次，人大代表在起草和修改法律、法规中的作用将进一步发挥，人民代表大会会议都将普遍安排审议法律法规。将探索增加人大常委会审议法律法规案的会次，充分发挥人大常委会组成人员在立法中的作用，提高人大常委会专职委员特别是有法治实践经验的专职委员比例。最后，在立法工作的体制机制中，人大的立法主导作用并不否定政府在立法中的重要作用。未来的法治建设过程中，也会注重发挥政府在立法工作中的重要作用，加强政府部门间立法的协调，避免立法起草过程中出现部门本位主义的现象。

在完善立法工作格局中，地方立法工作将大大加强。在过去几年，地方立法取得显著成就，但也存在一些薄弱环节，一些地方甚至出现了"政绩立法""贪大求全"的问题，为立法而立法；有些地方立法简单重复上位法的规定；有些地方立法特色不鲜明，不能有效解决地方治理中的实际问题；等等。还有的地方立法明显违背上位法的规定，越权立法。例如，2017年7月20日，中共中央办公厅、国务院办公厅就甘肃祁连山国家级自然保护区生态环境问题发出通报，指出在立法层面为破坏生态行为"放水"的问题。其中,《甘肃祁连山国家级自然保护区管理条例》历经三次修正，部分规定始终与《中华人民共和国自然保护区条例》不一致，将国家规定"禁止在自然保护区内进行砍伐、放牧、狩猎、捕捞、采药、开垦、烧荒、开矿、采石、挖沙"等10类活动，缩减为"禁止进行狩猎、垦荒、烧荒"等3类活动，而这3类都是近年来发生频次少、基本已得到控制的事项，其他7类恰恰是近年来频繁发生且对生态环境破坏明显的事项。2013年5月修订的《甘肃省矿产资源勘查开采审批管理办法》，违法允许在国家级自然保护区实验区进行矿产开采。《甘肃省煤炭行业化解过剩产能实现脱困发展实施方案》违规将保护区内11处煤矿予以保留。①

在未来的地方工作中，有立法权的地方应当紧密结合本地发展需要和实际，突出地方特色和针对性、实效性，创造性地做好地方立法工作。通过完善、健全地方立法工作机制，不断提高立法质量，在确保不与上位法相抵触的情况下，切实避免重复立

---

① 《中办国办就甘肃祁连山国家级自然保护区生态环境问题发出通报》,《人民日报》2017年7月21日，第1版。

法、盲目立法、政绩立法。建立健全区域协同立法工作机制，加强全国人大常委会对跨区域地方立法的统一指导。2025年年底前，完成对全国地方立法工作人员的轮训。

二、坚持立改废释并举，加强立法

根据《法治中国建设规划（2020—2025年）》，未来五年，我国立法将围绕重点领域、新兴领域、涉外领域进行立法，同时强调立改废释并举。未来的立法重点主要包括以下领域：第一，推动贯彻新发展理念、构建新发展格局，加快完善深化供给侧结构性改革、促进创新驱动发展、防范化解金融风险等急需的法律法规。第二，健全规范共同行政行为的法律法规，研究制定行政程序法。第三，围绕加强社会主义文化建设，完善发展文化事业和文化产业、保护知识产权等方面的法律法规。第四，加强保障和改善民生、创新社会治理方面的法律制度建设。第五，加强疫情防控相关立法和配套制度建设，完善有关处罚程序，强化公共安全保障，构建系统完备、科学规范、运行有效的突发公共卫生事件应对法律体系。第六，加强同《民法典》相关联、相配套的法律制度建设。第七，其他重点领域的立法。主要有国家安全领域立法，军民融合发展立法，数字经济、互联网金融、人工智能、大数据、云计算等相关立法，加强区域协调发展立法。主要包括加强京津冀协同发展、长江经济带发展、粤港澳大湾区建设、长三角一体化发展、黄河流域生态保护和高质量发展、推进海南全面深化改革开放等国家重大发展战略的法治保障相关立法。在立法过程中，立法机关还将进一步完善弘扬社会主义核心价值观的法律政策体系，把社会主义核心价值观要求融入立法中，转化为社会实践和人们的自觉行动。

未来的立法还有一个重要的变化，即立法将着力解决违法成本过低、处罚力度不足问题，统筹解决食品药品、生态环境、安全生产等领域法律法规存在的该硬不硬、该严不严、该重不重问题。长期以来，在食品药品安全执法、环保执法、安全生产执法中普遍存在处罚力度不足，违法成本过低的问题，导致这些领域的违法行为屡禁不止，执法、司法缺乏足够的威慑力，人民群众反映强烈。为此，《法治中国建设规划（2020—2025年）》中特别强调要从立法上解决违法成本过低问题，这有利于从根本上治理上述领域的各种乱象。

未来的立法工作不仅仅是单纯制定新的法律，还包括重要的立法修改、立法清理、立法解释等内容。针对法律规定之间不一致、不协调、不适应问题，未来的立法机关将及时组织清理，避免法律与法律之间"打架"现象，对某领域有多部法律的，条件成熟时将进行法典编纂。

可以预见，在实现2035年远景目标的过程中，我国将充分发挥立法的引领和推动作用，确保重大改革于法有据。对改革急需、立法条件成熟的，抓紧出台相关立法；对立法条件还不成熟、需要先行先试的，则将由国家立法机关及时作出授权、改革决定，事后则制定修改相关法律法规。

三、健全立法工作机制

在这个方面,立法机关将主要健全立法立项、起草、论证、协调、审议机制,以制度、机制建设实现科学立法、民主立法,特别是将提高立法的针对性、及时性、系统性、可操作性。在推进民主立法方面,还将健全立法征求意见机制,扩大公众参与的覆盖面和代表性,充分听取有关企业和行业协会商会意见,增强立法透明度。为了确保开门立法的实效,立法机关还将健全立法征求公众意见采纳反馈机制,对未予采纳的相对集中的立法意见将进行解释、说明。在推进科学立法方面,立法机关还将加强论证咨询,推进对争议较大的重要立法事项引入第三方评估,以独立的第三方评估确保立法质量。

第三节 法治政府建设的目标与任务

在法治政府建设方面,《法治中国建设规划(2020—2025年)》提出的建设目标是构建职责明确、依法行政的政府治理体系,进而把政府活动全面纳入法治轨道。

具体而言,未来的法治政府建设主要包括以下几个方面的内容:第一,推动政府依法全面履行职能。这首先指的是将着力厘清政府和市场、政府和社会的关系,让市场在资源配置中起决定性作用,更加注重用法律和制度遏制不当干预经济活动的行为。未来的法治政府建设还将深入推进简政放权,持续整治变相设置行政许可事项的行为，对权力清单实行动态管理。《法治中国建设规划（2020—2025年）》特别强调，未来五年，应当编制完成并公布中央层面设定的行政许可事项清单、备案管理事项清单，国务院部门权责清单则将于2022年上半年编制完成并公布。

推动政府全面履行职能还包括持续营造法治化营商环境的建设任务。主要是将实施统一的市场准入负面清单制度，清理破除隐性准入壁垒，普遍落实"非禁即入"。将全面清理、废止对非公有制经济的各种形式的不合理规定，纠正行政权力排除、限制竞争的各种行为。2019年6月26日，国家市场监督管理总局发布《制止滥用行政权力排除、限制竞争行为暂行规定》，对滥用行政权力排除、限制竞争行为类型进行了概括，主要有以下6种行为：（一）限定或者变相限定单位或者个人经营、购买、使用其指定的平台经济领域经营者提供的商品，或者其他经营者提供的与平台服务相关的商品；（二）对外地平台经济领域经营者设定歧视性标准、实行歧视性政策，采取专门针对外地平台经济领域经营者的行政许可、备案，或者通过软件、互联网设置屏蔽等手段，阻碍、限制外地平台经济领域经营者进入本地市场，妨碍商品在地区之间的自由流通；（三）以设定歧视性资质要求、评标评审标准或者不依法发布信息等方式，排斥或者限制外地平台经济领域经营者参加本地的招标采购活动；（四）对外地平台经济领域经营者实行歧视性待遇，排斥、限制或者强制外地经营者在本地投资或者设立分支机构；（五）强制或者变相强制平台经济领域经营者从事《反垄断法》规定的垄断行为；（六）行政机关以规定、办法、决定、公告、通知、意见、会议纪要等形式，制定、发布含有排除、限制竞争内容的市场准入、产业发展、招商引资、招标投标、政府采购、经营行为规范、资质标准等涉及平台经济领域市场主体经济活动的规章、规范性文件和其他政策性文件以及"一事一议"形式的具体政策措施。应当说，上述各种运用行政权力排除、限制竞争行为本质是行政性垄断，扭曲了政府和市场的关系，破坏了国内统一市场的建设，危害很大。未来的法治政府建设，将更加重视纠正运用行政权力排除、限制竞争行为。

此外，在营商环境建设方面，还有以下几个方面的重要举措：全面清理违法违规的涉企收费、检查、摊派事项和评比达标表彰活动；重点治理政府失信行为，加大惩处和曝光力度；实行知识产权侵权惩罚性赔偿制度，激励和保护科技创新；2022年年底前建成全国一体化政务服务平台，除法律法规另有规定或涉及国家秘密等外，政务服务事项全部纳入平台办理。

第二，在行政决策程序和规划性文件合法性审查方面，在已有的行政决策制度改革成果基础上，未来将更加严格落实重大行政决策程序制度，防止违法决策、不当决策、拖延决策。在重大行政决策中将更加注重发挥法律顾问、公职律师的作用，确保重大决策的合法性。2018年，为加强行政规范性文件制定和监督管理工作，全面提升行政规范性文件法治化水平，国务院办公厅印发《关于加强行政规范性文件制定和监督管理工作的通知》和《关于全面推行行政规范性文件合法性审核机制的指导意见》，建立了确保行政规范性文件合法有效的基础性制度。根据《法治中国建设规划（2020—2025年）》的部署，未来将全面推行行政规范性文件合法性审核机制，凡涉及公民、法人或其他组织权利和义务的行政规范性文件均应经过合法性审核，以解决实践中乱发"红头文件"、出台奇葩规定的各种现象。

第三，深化行政执法体制改革。在这个方面，未来的举措主要有以下几个方面：统筹配置行政执法职能和执法资源，最大限度减少不必要的行政执法事项；进一步整合行政执法队伍，继续探索实行跨领域跨部门综合执法；推动执法重心向市县两级政府下移，加大执法人员、经费、资源、装备等向基层倾斜力度；完善行政执法权限协调机制；健全行政执法和刑事司法衔接机制，全面推进"两法衔接"信息平台建设和应用；等等。

在行政执法领域，将继续坚持严格规范公正文明执法的要求，全面推行行政执法"三项制度"，即行政执法公示制度、执法全过程记录制度、重大执法决定法制审核制度。为了切实增强人民群众的获得感、幸福感、安全感，未来将加大食品药品、公共卫生、生态环境、安全生产、劳动保障、野生动物保护等关系群众切身利益的重点领域执法力度，解决执法不严、覆盖不全的问题，切实保障人民群众的切身利益。为了解决行政执法裁量空间过大、不规范等问题，未来五年，我国还将全面推行行政裁量权基准制度和行政执法案例指导制度，以此规范执法活动，约束行政执法中的自由裁量权滥用，避免出现侵害行政相对人利益的执法畸轻畸重问题。在治理过程中，将更多地运用行政指导、行政奖励、行政和解等非强制行政手段。

此外，《法治中国建设规划（2020—2025年）》还要求严格执行突发事件应对有关法律法规，依法实施应急处置措施，全面提高依法应对突发事件能力和水平。加强和创新事中事后监管，推进"双随机、一公开"跨部门联合监管，强化重点领域重点监管，探索信用监管、大数据监管、包容审慎监管等新型监管方式，努力形成全覆盖、零容忍、更透明、重实效、保安全的事中事后监管体系。

第四节 公正司法建设的目标与任务

党的十九大以后，在新一轮司法体制改革基础上，针对司法领域深层次问题和难啃的"硬骨头"，以努力让人民群众在每一个司法案件中都感受到公平正义为目标，我国司法体制改革继续深化。第一，政法机构改革。政法机构改革具有双重属性，它是政法领域全面深化改革的重要内容，但是也包含了重要的司法体制改革的内容，并直接影响司法体制的运行。2018年3月，中共中央印发《深化党和国家机构改革方案》，涉及政法机构改革的主要有以下内容：不再设立中央社会治安综合治理委员会及其办公室；不再设立中央维护稳定工作领导小组及其办公室；将中央防范和处理邪教问题领导小组及其办公室职责划归中央政法委员会、公安部；重新组建司法部，整合司法部和国务院法制办公室的职责；组建国家移民管理局；公安边防部队改制；公安消防部队改制；公安警卫部队改制；海警队伍转隶武警部队；武警部队不再领导管理黄金、森林、水电部队；武警部队不再承担海关执勤任务。这些改革任务既有组建新部门和重新组建原部门的任务，也有整合机构和划转职能的任务；既有政法领域机构改革，也有跨军地改革任务，不同领域不同环节的改革举措关联耦合，共同促进了政法机构体制和机制的转换与完善。其中，重新组建的司法部整合了原司法部和原国务院法制办公室职责，并承担了中央全面依法治国委员会办公室日常工作，在推进法治国家、法治政府、法治社会建设中承担着重要职责。

第二，全面落实司法责任制，构建权责明晰、监管有效、保障有力的司法权运行新机制。主要改革举措是进一步完善员额退出机制，让入额的人员多办案、办好案，让不适应在一线办案的人员及时退出员额。同时包括创新监管方式的改革内容，法院系统的审判监督管理开始从微观的个案审批、文书签发向宏观的全员、全过程的案件质量效率监管转变，以实现放权不放任的目标，预防司法腐败。此外，还包括健全落实司法人员职业保障政策，制定简单可行的绩效考核办法科学考评，调动广大司法人员积极性。

第三，司法机关内设机构改革。主要是以县级法院、检察院为重点，实现省以下各级法院、检察院内设机构改革，构建扁平化管理和专业化建设相结合的司法组织机构新体系，提高办案质量和效率。以检察系统为例，2018年12月4日，《最高人民检察院职能配置、内设机构和人员编制规定》施行，省以下检察院同步部署。2018年12月24日，最高人民检察院的检察官、检察辅助人员和司法行政人员全部分类定岗，调整分配到第一至第十检察厅及相关职能部门，按照新的检察权运行和检察职能行使机制开展工作。2019年1月3日，最高人民检察院"十大检察厅"在国务院新闻发布会上亮相，检察机关正式确立"四大检察"法律监督新格局和"十大业务"板块。2019年年底，省以下检察机关内设机构改革基本完成。在2019年内设机构改革后，江苏全省基层检察院内设机构数量从1327个精简到770个，减少41.9%，其中522个综合部门压缩到203个，减少61%。湖南省检察院部分从事司法行政工作的检察官回流到一线办案部门，机关司法行政人员占比下降8个百分点。

第四，进一步推进以审判为中心的刑事诉讼制度改革。主要是进一步严格落实罪刑法定、证据裁判、疑罪从无、程序公正等原则，确保无罪的人不受刑事追究、有罪的人受到公正惩罚。深入推进了庭审实质化改革，提高了庭审过程中控辩实质对抗性，切实保障律师辩护权利，让法庭通过充分的聆听、严谨的论证，做出客观公正的裁判。认罪认罚从宽制度改革取得显著成效，促进了公正与效率的统一。

在实现2035年远景目标的过程中，建设公正高效权威的中国特色社会主义司法制度具有重要地位，关系到维护社会公平正义、保障人民群众合法权利等诸多重大问题。未来五年，我国司法领域将围绕影响司法公正、制约司法能力的深层次问题，继续深化改革，以努力让人民群众在每一个司法案件中都感受到公平正义。

根据《法治中国建设规划（2020—2025年）》的部署，在推进公正司法领域，主要有以下举措。

首先，坚持符合国情和遵循司法规律相结合，坚持和加强党对司法工作的绝对领导，健全公安机关、检察机关、审判机关、司法行政机关各司其职，侦查权、检察权、审判权、执行权相互配合、相互制约的体制机制。"四权"的相互关系是司法体制的骨干，健全相关的体制机制是促进公正司法的基础性工作。

其次，深化司法体制综合配套改革，全面落实司法责任制。在这个方面，主要有以下任务：在法院系统明确四级法院职能定位，充分发挥省级监督功能；完善民事再审程序，探索将具有普遍法律适用指导意义、关乎社会公共利益的案件交由较高层级法院审理；完善最高人民法院巡回法庭工作机制，健全综合配套措施；完善知识产权、金融、海事等专门法院建设，加强互联网法院建设；深化与行政区划适当分离的司法管辖制度改革；健全未成年人司法保护体系等。

在落实司法责任制方面，未来将坚持"让审理者裁判、由裁判者负责"的原则，依法赋权独任庭、合议庭。同时，健全重大、疑难、复杂案件由院庭长直接审理机制。按照司法责任制的要求，坚持"谁办案谁负责、谁决定谁负责"，落实检察官办案主体地位。健全专业法官会议、检察官联席会议制度，切实发挥为办案组织提供法律咨询的功能。加强和完善指导性案例制度，确保法律适用统一。

再次，继续深化以审判为中心的刑事诉讼制度改革。以审判为中心的刑事诉讼制度改革是落实司法规律的要求，也是预防冤假错案的重大改革举措。未来，我国将继续深化以审判为中心的刑事诉讼制度改革。在此领域，主要有以下改革任务：健全侦查机关调查收集证据制度，规范补充侦查、不起诉、撤回起诉制度；完善庭前会议、非法证据排除制度；规范法庭调查和庭审量刑程序；落实证人、鉴定人、侦查人员出庭作证制度；完善技术侦查证据的法庭调查和使用规则等。在刑事诉讼制度方面，还将继续完善认罪认罚从宽制度，落实宽严相济刑事政策。改革刑事申诉制度，对不服司法机关生效裁判和决定的申诉，逐步实行由律师代理制度。健全落实法律援助值班律师制度，实现刑事案件律师辩护、法律帮助全覆盖。

最后，完善民事诉讼制度体系。在这个方面，主要有以下改革任务：探索扩大小额诉讼程序适用范围，完善其与简易程序、普通程序的转换适用机制；探索扩大独任制适用范围；优化司法确认程序适用；改革诉讼收费制度，以及全面建设集约高效、多元解纷、便民利民、智慧精准、开放互动、交融共享的现代化诉讼服务体系；加快推进跨域立案诉讼服务改革，2022年年底前实现诉讼服务就近能办、同城通办、异地可办。这意味着到2022年年底，人民群众打官司的便利度将大大提高，司法便民更加落到实处。在深化执行体制改革方面，主要任务是加强执行难综合治理、源头治理，以最终彻底解决"执行难"问题。在这个方面，主要是深入推进审执分离制度改革，优化执行权配置和执行工作机制。

此外，未来的公正司法建设任务还包括完善刑罚执行制度，统一刑罚执行体制，解决当前存在的刑罚执行体制不够统一的问题。深化监狱体制机制改革，实行罪犯分类、监狱分级制度，并完善社区矫正制度和监狱、看守所与社区矫正和安置帮教机构之间的工作对接机制。

第五节　全民守法建设的目标与任务

在深入推进全面依法治国中，与法治政府建设相比，我国法治社会建设的任务更加艰巨，这主要是基于以下两个方面的原因。首先，法治社会建设的范围、内容、深度具有特殊性。从理论上分析，法治社会建设有赖于社会成员的普遍参与，人人都是法治社会建设的主体，也都是法治社会建设的对象。公民的个人状况千差万别，利益诉求也各有不同，法治意识水平也有很大差异，这就极大地增加了法治社会建设的难度。法治社会建设涉及社会生活的方方面面，与每个社会成员的日常生活息息相关，这种内容的广泛性和日常性涉及日常行为习惯的改变问题，也增加了法治社会建设的难度。

其次，法治社会建设依赖的理性法治文化薄弱。法治社会是建立在理性的法治文化基础上的，是一个国家、一个社会整体法治发展水平的直接体现。我国的历史和文化传统中有法治的宝贵因素，但总体上人治文化、德治文化是主流，社会成员的法治意识和法治精神相对薄弱。法治社会建设需要触及深层次的文化因素，而法治文化的建设是一个漫长的历史过程，这就更增加了法治社会建设的难度。

正是由于法治社会建设的特殊性，当前，我国"法治社会"建设存在比较明显的短板，主要表现在：人民群众对民主、法治、公平、正义、安全、环境等"法治供给"需求的日益增长与现实中的"法治供给"不足的矛盾依然突出；社会治理法治化与国家治理现代化的进程存在一定的滞后；法治社会的法律体系尚不健全，法治社会的实施体系不够完善；社会组织、公众参与"法治社会"建设的渠道有效性和作用发挥不足；"自治、法治、德治"的融合不够，自治无力、德治虚化的局面仍较为明显；社会成员法治意识较为薄弱，法治精神不彰，法治文化未成为流行文化的主体；多元矛盾纠纷化解机制仍不够完善；等等。

针对现实中存在的突出问题和短板，《法治中国建设规划（2020—2025年）》和《法治社会建设实施纲要（2020—2025年）》做出了针对性的部署。在法治社会建设目标上，《法治社会建设实施纲要（2020—2025年）》提出，到2025年，"八五"普法规划实施完成，法治观念深入人心，社会领域制度规范更加健全，社会主义核心价值观要求融入法治建设和社会治理成效显著，公民、法人和其他组织合法权益得到切实保障，社会治理法治化水平显著提高，形成符合国情、体现时代特征、人民群众满意的法治社会建设生动局面，为2035年基本建成法治社会奠定坚实基础。

为了实现上述目标,《法治中国建设规划（2020—2025年）》和《法治社会建设实施纲要（2020—2025年）》提出了未来五年的法治社会建设任务。

第一，深入推进全民守法和普法宣传教育。全民守法是法治社会建设的基础工程，全面依法治国离不开全体社会成员的积极参与。法治社会是建立在制度、规范基础上的维护公平正义的社会样态。为此，必须大力弘扬社会主义法治精神，建设社会主义法治文化，引导全体人民做社会主义法治的忠实崇尚者、自觉遵守者、坚定捍卫者，使法治成为中国社会的基本共识和自觉追求，以遵守法律规范为荣、以破坏法律规范为耻。

在推进全民守法中，普法宣传教育又是基础性、长期性的工作。在未来的法治社会建设中，我国将继续改进、创新普法的内容与形式，加大全民普法力度，以增强全民的法治观念。为此，将继续全面落实"谁执法谁普法"普法责任制，把执法、司法作为普法宣传教育的第一课堂，围绕社会关注的"热点个案"开展及时的普法宣传教育。案例是最生动的普法教材，我国过去的普法宣传教育经验表明，以正在发生的案例作为普法宣传教育的内容更具有实效性，也更容易吸引公众的注意，潜移默化地增强社会成员的法治意识。因此，未来将继续深入开展法官、检察官、行政复议人员、行政执法人员、律师等以案释法活动。为了完善普法宣传教育体制、机制，未来五年我国将研究制定法治宣传教育法，以法律形式明确普法宣传教育的基本内容、任务和方式。

从内容上看，未来的普法宣传教育将着重深入学习宣传习近平法治思想，深入宣传以宪法为核心的中国特色社会主义法律体系，广泛宣传与经济社会发展和人民群众利益密切相关的法律法规，使人民群众自觉尊崇、信仰和遵守法律。广泛开展《民法典》普法工作，让《民法典》走到群众身边、走进群众心里。积极组织疫病防治、野生动物保护、公共卫生安全等方面法律法规和相关知识的宣传教育活动。引导全社会尊重司法裁判，维护司法权威。

建设社会主义法治文化也是普法宣传教育的重要方面。卢梭曾言，"一切法律中最重要的法律，既不是刻在大理石上，也不是刻在铜表上，而是铭刻在公民的内心里"。把法律铭刻在公民内心里，离不开文化的熏陶。法治文化具有潜移默化的普法作用，其影响更加深远和持久，法治文化的引领与熏陶作用不容小视。在未来五年的法治社会建设中，我国将加强建设社会主义法治文化，丰富法治文化产品，培育法治文化精品，扩大法治文化的覆盖面和影响力，推动法治文化深入人心。此外，我国还将大力加强法治文化阵地建设，有效促进法治文化与传统文化、红色文化、地方文化、行业文化、企业文化的融合发展。

第二，推进社会治理现代化。社会治理现代化是推动法治社会建设的主要动力，也是法治社会的重要标志。为此，我国在未来将广泛推动人民群众参与社会治理，打造共建共治共享的社会治理格局，发挥工会、共青团、妇联等群团组织引领联系群众参与社会治理的作用，完善群众参与基层社会治理的制度化渠道，将以加快市域社会治理现代化为抓手，促进社会治理现代化建设，其主要内容有推进市域治理创新，依法加快市级层面实名登记、社会信用管理、产权保护等配套制度建设。

推动社会治理现代化也是平安中国建设的重要内容。为此，未来我国将加快对社会安全体系的整体设计和战略规划，贯彻落实加快推进社会治理现代化开创平安中国建设新局面的意见。具体举措有：完善平安中国建设协调机制、责任分担机制，健全平安建设指标体系和考核标准；2020年年底前制定"互联网＋公共安全"行动计划；推动扫黑除恶常态化，依法严厉打击和惩治暴力伤害医务人员、破坏野生动物资源、暴力恐怖、黄赌毒黑拐骗、高科技犯罪、网络犯罪等违法犯罪活动，遏制和预防严重犯罪行为的发生；加强对产权的执法司法保护，健全涉产权错案甄别纠正机制；完善对暴力袭警行为的刑事责任追究制度等。

加快推进社会信用立法，完善失信惩戒机制也是社会治理现代化的必然要求。"让守法者得到褒奖、让违法失信者承担责任"是法治社会建设的必然要求。在推动社会治理现代化进程中，完善失信惩戒机制是统筹运用法律、道德调整方式的体现，也是强化法治意识的重要实践活动。未来五年，我国将加快推进社会信用体系建设，提高全社会诚信意识和信用水平。具体举措有：完善企业社会责任法律制度；健全公民和组织守法信用记录，建立以公民身份证号码和组织机构代码为基础的统一社会信用代码制度；完善诚信建设长效机制，健全覆盖全社会的征信体系，建立完善失信惩戒制度；完善全国信用信息共享平台和国家企业信用信息公示系统，进一步强化和规范信用信息归集共享；推动出台信用方面的法律等。

第三，建立现代公共法律服务体系。在此领域，《法治中国建设规划（2020—2025年）》要求紧紧围绕人民日益增长的美好生活需要加强公共法律服务，加快整合律师、公证、调解、仲裁、法律援助、司法鉴定等公共法律服务资源，到2022年基本形成覆盖城乡、便捷高效、均等普惠的现代公共法律服务体系。此外，《法治中国建设规划（2020—2025年）》还要求健全公民权利救济渠道和方式，完善法律援助制度和国家司法救助制度，制定出台法律援助法。将推动建设一支高素质涉外法律服务队伍、建设一批高水平涉外法律服务机构。

第四，坚持和发展新时代"枫桥经验"，积极化解社会矛盾纠纷。在此领域，首先是健全矛盾纠纷的多元化解机制，主要是充分发挥人民调解的第一道防线作用，完善人民调解、行政调解、司法调解联动工作体系，全面开展律师调解工作，并完善调解、信访、仲裁、行政裁决、行政复议、诉讼等社会矛盾纠纷多元预防调处化解综合机制，整合基层矛盾纠纷化解资源和力量，充分发挥非诉纠纷解决机制作用。县（市、区、旗）探索在矛盾纠纷多发领域建立"一站式"纠纷解决机制。其次，推动仲裁委员会积极参与基层社会纠纷解决，支持仲裁融入基层社会治理。这里，特别重要的是加强农村土地承包经营纠纷调解仲裁、劳动人事争议调解仲裁工作。在实践中，土地承包经营纠纷和劳动人事争议较为多发、易发，是影响人民群众切身利益的重要问题，除了运用行政、执法、司法等硬性的解决手段以外，未来将更加注重仲裁方式的运用。最后，加强行政复议、行政调解、行政裁决工作，发挥行政机关化解纠纷的"分流阀"作用，不把所有的矛盾纠纷都导向司法或信访渠道，从源头上减少社会矛盾纠纷的总量。

第三章

法治体系其他方面的建设任务

第一节　法治监督体系建设的目标与任务

法治监督体系是党和国家监督体系的重要组成部分,是中国特色社会主义法治体系的重要组成部分,也是建成中国特色社会主义法治体系的根本保障和必然要求。[①]

加强对权力的监督制约是推进国家治理体系和治理能力现代化需要解决的大问题,是深入推进反腐败斗争的必然要求,是构建不敢腐、不能腐、不想腐机制的主要目标。应当说,经过新中国成立 70 多年的持续探索奋斗,特别是党的十八大以来的不懈努力,党和国家监督体系的总体框架已经基本形成,在加强权力监督制约方面走出了中国特色的道路,取得了历史性成就。党的十九届四中全会明确了党和国家监督体系在中国特色社会主义制度和国家治理体系中的重要地位。坚持和完善党和国家监督体系,首先是重点完善党内监督体系。主要包括落实各级党组织监

[①] 曹建明:《形成严密法治监督体系　保证宪法法律有效实施》,《求是》2014 年第 24 期。

督责任,保障党员监督权利,重点加强对高级干部、各级主要领导干部的监督,完善领导班子内部监督制度,破解对一把手的监督难题等。在党内监督中,未来要继续推进纪律监督、监察监督、派驻监督、巡视监督的统筹衔接,推动纪法贯通、法法衔接。其次,推动党内监督和其他监督形式有机贯通,形成合力。要健全党内监督和人大监督、民主监督、行政监督、司法监督、群众监督、舆论监督以及审计监督、统计监督的互联互通机制,健全信息沟通、线索移送、措施配合、成果共享等工作机制,形成监督合力。

　　党和国家监督体系的目的是完善权力配置和运行制约机制,实现把权力关进制度的笼子里的目标。"权力导致腐败,绝对权力导致绝对腐败",权力是最大的腐蚀剂,不受监督的权力必然导致腐败。把权力关进制度的笼子里,就是要依法设定权力、规范权力、制约权力、监督权力。习近平总书记强调,"深化国家监察体制改革的初心,就是要把增强对公权力和公职人员的监督全覆盖、有效性作为着力点,推进公权力运行法治化,消除权力监督的真空地带,压缩权力行使的任性空间,建立完善的监督管理机制、有效的权力制约机制、严肃的责任追究机制"。在深入推进全面依法治国过程中,对法治运行过程中的各项公权力的监督制约尤为重要,这些权力或者直接分配公民的权利义务,或者直接克减公民权利,增加公民义务。更重要的是,法治领域的公权力直接关系社会公平正义的实现问题,是社会公平正义最后一道防线的守护神,因此,对立法权、执法权、司法权、执行权的监督制约是全面依法治国和全面从严治党的重要课题。

建设法治中国，必须抓紧完善权力运行制约和监督机制，规范立法、执法、司法机关权力行使，构建党统一领导、全面覆盖、权威高效的法治监督体系。严密法治监督体系应当以加强对权力的制约和监督为核心，以保障宪法法律正确统一实施为目标。根据《法治中国建设规划（2020—2025年）》的要求，法治监督体系建设主要有以下几个方面的内容。

第一，推进对法治工作的全面监督。在深入推进全面依法治国过程中，对权力的监督制约极为重要，立法权、执法权、司法权以及侦查权、执行权的行使直接影响社会公平正义和公民权利，因此，作为中国特色社会主义法治体系的重要组成部分，法治监督体系必须以规范和约束公权力为重点，加大监督力度，切实做到有权必有责、用权受监督、违法必追究，纠正公权力行使过程中的有法不依、执法不严、违法不究等行为。可以说，严密法治监督体系的核心就是有效制约和监督各项公权力。用完善党和国家监督体系的视角观察，防止权力腐败和蜕变，对立法权、执法权、司法权的制约和监督也尤为重要。

在法治中国建设过程中，我国将不断加强党对法治监督工作的集中统一领导，把法治监督作为党和国家监督体系的重要内容，确保行政权、监察权、审判权、检察权依法正确行使，切实保障公民、法人和其他组织合法权益。未来五年，为了实现2035年远景目标，在推进对法治工作的全面监督方面，主要有以下具体举措：加强国家机关监督、民主监督、群众监督和舆论监督，形成法治监督合力，发挥整体监督效能，以体系化的监督实现全覆盖、无缝隙的目标，推动形成严密的监督体系。推进执纪执法贯通、有效衔接司法，纪法衔接、法法贯通是全面从严治党与全面依法治国有机统一的典型领域，是完善权力制约监督体系的基础性工程。未来，我国将持续推进执纪执法贯通，不断增强监督执纪、执法的严肃性和权威性。我国未来还将继续完善人民监督员制度，以人民监督员制度保障对检察机关行使权力的有效监督，在这个领域，将不断推动人民监督员制度单独立法，完善人民监督员监督的形式，增强监督的刚性。坚持以公开为常态、不公开为例外，全面推进立法公开、执法公开、司法公开，逐步扩大公开范围，提升公开服务水平，主动接受新闻媒体舆论监督和社会监督。公开、透明是最好的防腐剂，阳光之下无权力腐败、滥用的空间，法治领域的公开是加强权力制约监督的前提条件。未来，我国的立法公开、执法公开、司法公开将迈向新的阶段，主动公开与依申请公开更加平衡，公开的范围更加彻底。推动政法单位建立健全与执法司法权运行机制相适应的制约监督体系，构建权责清晰的执法司法责任体系，健全政治督察、综治督导、执法监督、纪律作风督查巡查等制度机制。

第二，加强立法监督工作。立法是对公权力和公民权利义务的第一次分配，加强对立法的监督工作是建立严密的法治监督体系的起点。在未来五年中，我国将建立健全立法监督工作机制，完善监督程序，以监督推动科学立法、民主立法，提高立法质量。具体举措有推进法律法规规章起草征求人大代表、政协委员意见工作，充分发挥人大代表、政协委员的作用。依法处理国家机关和社会团体、企业事业组织、公民对法规规章等书面提出的审查要求或者审查建议，把合宪性审查与加强立法监督工作统一起来，在宪法实施过程中加强对立法权的有效监督。

根据宪法法律、行政法规、地方性法规以及党内法规和军事规章有关规定，目前我国已经形成由党委、人大、政府、军队各系统分工负责、相互衔接的规范性文件备案审查制度体系。基本框架是：全国人大常委会对行政法规、地方性法规、司法解释进行备案审查；国务院对地方性法规、部门规章、地方政府规章进行备案审查；地方人大常委会对本级及下级地方政府规章以及下一级地方人大及其常委会的决议、决定和本级地方政府的决定、命令进行备案审查；党中央和地方党委对党内法规和党内规范性文件进行备案审查；中央军事委员会对军事规章和军事规范性文件进行备案审查。

在加强和完善备案审查制度体系方面，重要举措和任务主要有以下几项：加强备案审查制度和能力建设，实现有件必备、有备必审、有错必纠；完善备案审查程序，明确审查范围、标准和纠正措施；强化对地方各级政府和县级以上政府部门行政规范性文件、地方各级监察委员会监察规范性文件的备案审查。同时，全国人大及其常委会将加强对司法解释的备案监督，解决司法解释越位、违反上位法的问题，将把地方法院、检察院制定的规范性文件纳入本级人大常委会备案审查范围，形成自上而下的审查体系。加快建立全国统一的备案审查信息平台，建立健全党委、人大常委会、政府、军队等之间的备案审查衔接联动机制。2017年12月，全国人大常委会首次听取审议法制工作委员会关于备案审查工作情况的报告，以后每年基本都要听取一次审查工作情况的报告，有力地推动了备案审查工作。未来，我国将建立健全备案审查工作年度报告制度，逐步推动备案审查工作报告制度向设区的市延伸，以此推动各级人大的备案审查工作。

第三，加强对执法工作监督。长期以来，行政执法领域存在不规范、不严格、不透明、不文明以及不作为、乱作为等突出问题，在党的十八大以后的全面依法治国中，以贯彻落实行政执法"三项制度"为抓手，着力解决上述问题，严格规范，公正文明执法水平明显提高。但是，2019年年底开展的法治政府建设督察发现，在全国推行"三项制度"还存在一些问题和困难：一是个别地方和部门的全面推行工作还停留在文件上，没有落实到行动中。二是个别地方和部门还存在思想认识不到位问题。对"三项制度"在推进依法行政、建设法治政府、提高政府治理能力的现代化水平、促进当地经济社会发展方面的重要作用认识不足。三是个别地方和部门统筹协调不够到位。四是个别地方配套保障不够到位。

为了根治行政执法领域中的上述问题，除了继续全面推行行政执法"三项制度"以外，未来五年，我国还将加强省市县乡四级全覆盖的行政执法协调监督工作体系建设，强化全方位、全流程监督，提高执法质量；加大对执法不作为、乱作为、选择性执法、逐利执法等有关责任人的追责力度，落实行政执法责任制和责任追究制度；完善行政执法投诉举报和处理机制。

此外，我国还将继续加强和改进行政复议工作，强化行政复议监督功能，加大对违法和不当行政行为的纠错力度，节约制约复议工作的体制机制问题，特别是实践中存在的"同案不同判""官官相护"等严重影响行政复议公信力的突出问题。推进行政复议体制改革，整合行政复议职责，畅通行政复议渠道，2022年以前基本形成公正权威、统一高效的行政复议工作体制。健全行政复议案件审理机制，加强行政复议规范化、专业化、信息化建设。

行政复议体制改革，截至目前已经在深入推进过程中。2020年2月5日，习近平总书记主持召开中央全面依法治国委员会第三次会议，审议通过了《行政复议体制改革方案》，要求落实行政复议体制改革方案，发挥行政复议公正高效、便民为民的制度优势和化解行政争议的主渠道作用。2020年4月18日，中央全面依法治国委员会印发《行政复议体制改革方案》，要求各地区、各部门认真落实方案，优化行政复议资源配置，推进相关法律法规修订工作，努力构建统一、科学的行政复议体制。行政复议体制改革，有利于从体制上完善政府系统自我纠错的监督制度和救济制度，加强对行政执法的监督，强化对行政相对人的权利保障。

第三，加强对司法活动监督。在此领域，将继续健全对法官、检察官办案的制约和监督制度，促进司法公正，防范权力滥用和权钱交易等行为。具体而言，将全面推行法官、检察官办案责任制,统一规范法官、检察官办案权限,在让审理者裁判后,做到由裁判者负责。在放权的同时也将加强监督管理,加强审判权、检察权运行监督管理,明确法院院长、庭长和检察院检察长、业务部门负责人监督管理权力和责任,健全审判人员、检察人员权责清单,解决一放了之、不敢管、不能管的问题。将继续完善对担任领导职务的法官、检察官办案情况的考核监督机制,配套建立内部公示、定期通报机制,真正做到入额必办案的要求。将继续健全落实司法机关内部人员过问案件记录追责、规范司法人员与律师和当事人等接触交往行为的制度。此外,还将通过构建科学合理的司法责任认定和追究制度,完善司法人员惩戒制度,明确惩戒的具体情形和程序。

未来,我国还将继续完善民事、行政检察监督和检察公益诉讼案件办理机制,完善法律监督的具体形式。健全对最高人民法院巡回法庭、知识产权法院、金融法院、互联网法院等的法律监督机制。拓展公益诉讼案件范围,完善公益诉讼法律制度,探索建立民事公益诉讼惩罚性赔偿制度。

在刑事诉讼领域,我国将完善刑事立案监督和侦查监督工作机制,强化对立案权和侦查权的监督制约,通过健全刑事案件统一审核、统一出口工作机制,规范证据审查判断与运用,落实证据裁判原则和非法证据排除规则的要求。我国还将健全侦查机关办理重大案件听取检察机关意见建议制度,以此种形式加强检察机关对侦查行为的监督。完善对查封、扣押、冻结等侦查措施的监督机制,强化对扣押涉案财物行为的监督。此外,我国还将推动在市县公安机关建设执法办案管理中心,切实提高侦查行为规范化的水平,强化监督、制约。

未来,我国还将继续加强人权的司法保障。具体而言,将建立重大案件侦查终结前对讯问合法性进行核查制度,强化对侦查行为合法性的要求,排除非法获取口供的行为,贯彻落实非法证据排除规则。健全讯问犯罪嫌疑人、听取辩护人意见工作机制,杜绝非法讯问,强化对犯罪嫌疑人的权利保障,加强对辩护权的保障。我国还将建立对监狱、看守所的巡回检察制度,以巡回检察改变过去固定检察出现的监督不力、不敢监督、无法监督的现象;完善看守所管理制度,强化对被羁押人的各项权利保障;完善有效防范和及时发现、纠正冤假错案工作机制,从体制、机制上建立杜绝发生冤假错案的防线。

第二节 法治保障体系建设的任务

在中国特色社会主义法治体系中,法治保障体系建设是重要支撑,而在法治保障体系建设中,首先是强化政治和组织保障的问题。在实现2035年远景目标的过程中,必须加强政治、组织、队伍、人才、科技、信息等方面的保障,以为全面依法治国提供重要支撑。

首先,应当加强政治和组织保障。在政治和组织保障方面,最重要的是坚持和加强党对法治建设的领导,各级党委(党组)

和领导干部要支持立法、执法、司法机关开展工作，支持司法机关依法独立公正行使职权，党委（党组）加强领导就是对法治建设最大的支持，也是贯彻全面依法治国方略的最大体现。党的各级组织部门等也要发挥职能作用，在组织和人才等方面保障推进法治中国建设。未来，中央和省级党政部门要明确负责本部门法治工作的机构。按照"党政军民学，党领导一切"的要求，各级立法、执法、司法机关党组（党委）要加强对本单位部门工作的领导，机关基层党组织和党员要充分发挥战斗堡垒和先锋模范作用，保障宪法法律实施，并起到模范带头作用。同时，将严格执行《领导干部干预司法活动、插手具体案件处理的记录、通报和责任追究规定》，排除对司法的各种不当干预，预防司法腐败和冤假错案的发生。

其次，将不断加强队伍和人才保障。未来，我国将按照忠于党、忠于国家、忠于人民、忠于法律的总要求，大力提高法治工作队伍的素质和能力，特别是思想政治素质、业务工作能力、职业道德水准，努力建设一支德才兼备的高素质法治工作队伍。政治路线确定后，干部就是决定因素。法治工作队伍建设直接决定法治建设的总体水平，是深化全面依法治国的重要支撑力量，因此法治工作队伍建设具有重要意义。

在队伍和人才保障方面，要建设革命化、正规化、专业化、职业化的法治专门队伍。坚持把政治标准放在首位，加强科学理论武装，以习近平法治思想为根本指导思想，深入开展理想信念教育，提高思想政治素质。在业务工作能力方面，将完善法律职业准入、资格管理制度，未来也将建立法律职业人员统一职前培训制度和在职法官、检察官、警官、律师同堂培训制度，强化专业教育培养和法律职业共同体意识。在队伍建设方面，我国也将完善从符合条件的律师、法学专家中招录立法工作者、法官、检察官、行政复议人员制度，从社会中吸收高素质的法治工作人员。加强立法工作队伍建设，建立健全立法、执法、司法部门干部和人才常态化交流机制，加大法治专门队伍与其他部门具备条件的干部和人才交流力度，以交流促进工作能力的提升。在贯彻落实员额制方面，我国将健全法官、检察官员额管理制度，规范遴选标准、程序，强化司法员额制改革的成果。此外，我国还将建立健全符合职业特点的法治工作人员管理制度，完善职业保障体系，健全执法司法人员依法履职免责、履行职务受侵害保障救济、不实举报澄清等制度。

与此同时，我国也将在未来加快发展律师、公证、司法鉴定、仲裁、调解等法律服务队伍。具体措施有：健全职业道德准则、执业行为规范，完善职业道德评价机制；把拥护中国共产党领导、拥护我国社会主义法治作为法律服务人员从业的基本要求；坚持和加强党对律师工作的领导，推动律师行业党的建设；完善律师执业权利保障制度机制；健全法官、检察官、律师等法律职业人员惩戒机制，建立律师不良执业信息记录披露和查询制度；发展公职律师、公司律师和党政机关、企事业单位、村（居）法律顾问队伍等。

未来，我国还将构建凸显时代特征、体现中国特色的法治人才培养体系。法治教育是建设高素质法治工作队伍的关键因素和主渠道，未来，我国将坚持以习近平新时代中国特色社会主义思想为指导，坚持立德树人、德法兼修，解决好为谁教、教什么、教给谁、怎样教的问题，推动以马克思主义为指导的法学学科体系、学术体系、教材体系、话语体系建设。具体主要有以下几项举措：深化高等法学教育改革，优化法学课程体系，强化法学实践教学，培养信念坚定、德法兼修、明法笃行的高素质法治人才；推进教师队伍法治教育培训；加强法学专业教师队伍建设；完善高等学校涉外法学专业学科设置，加大涉外法治人才培养力度，创新涉外法治人才培养模式；建立健全法学教育、法学研究工作者和法治实践工作者之间双向交流机制。

最后，加强科技和信息化保障。在实现2035年远景目标的过程中，我国将充分运用大数据、云计算、人工智能等现代科技手段，强化科技支撑的作用，全面建设"智慧法治"，推进法治中国建设的数据化、网络化、智能化。党的十八大以来，我国已经在加强法治建设的科技保障方面取得丰硕成果，从疫情防控到防汛救灾，从矛盾化解到社区治理，信息化为建设法治中国筑牢了智慧之基。应当说，注重在法治建设的全领域、全过程对科技和信息化的运用，已经成为我国法治建设的显著特征和优势。例如，信息指引、技术支撑已经成为打击犯罪的重要手段，大数据、物联网、人工智能等新兴科技的发展日新月异，我国公安机关创新侦查、研判、指挥一体化实战机制，大大提升了打击犯罪的实效性；司法公开的信息化建设已经取得举世瞩目的成就，为国际社会所关注；互联网法院、智慧法院的建设也具有国际领先的优势，例如，在 2020 年 1 月至 6 月，全国法院网上开庭量同比增长 9 倍，网上调解同比增长 245%。立案"不打烊"、审案"走云端"、执行"网上见"，有效化解矛盾纠纷，促进社会和谐稳定。[①]

未来，我国还将优化整合法治领域各类信息、数据、网络平台，推进全国法治信息化工程建设；也将加快公共法律服务实体平台、热线平台、网络平台有机融合，建设覆盖全业务、全时空的公共法律服务网络。

第三节　党内法规体系建设的任务

正如《法治中国建设规划（2020—2025 年）》指出的，建设法治中国，必须坚持依法治国和依规治党有机统一，加快形成覆盖党的领导和党的建设各方面的党内法规体系，增强党依法执政本领，提高管党治党水平，确保党始终成为中国特色社会主义事业的坚强领导核心。党内法规体系建设是全面依法治国与全面从严治党有机统一的体现，是形成中国特色社会主义法治体系的重要组成部分。

党的十八大以来，我党高度重视党内法规体系建设，党内法规制定工作不断取得新的成就。2013 年，《中央党内法规制定

[①]《做强"平安中国"的科技支撑》，《人民日报》，2020 年 8 月 24 日，第 4 版。

工作五年规划纲要（2013—2017年）》要求到"建党100周年时全面建成内容科学、程序严密、配套完备、运行有效的党内法规制度体系"，在党的历史上第一次对党内法规制度体系建设提出明确的时间表，标志着党内法规制定工作走上体系化道路。2014年，党的十八届四中全会把"形成完善的党内法规体系"作为中国特色社会主义法治体系的重要组成部分，科学界定了党内法规体系与国家法律规范体系、中国特色社会主义法治体系的关系，在理论上明确了党内法规体系的定位，为形成完善的党内法规体系奠定了基础。2017年，中共中央印发《关于加强党内法规制度建设的意见》，对加快构建完善的党内法规制度体系提出明确要求。2017年，党的十九大报告指出"增强依法执政本领，加快形成覆盖党的领导和党的建设各方面的党内法规制度体系"。2019年，党的十九届四中全会提出"加快形成完善的党内法规体系"，较以往的表述有了新的变化，它去掉了"比较"和"制度"两个词，明确了形成完善的党内法规体系的目标。2019年，党内修订了《中国共产党党内法规制定条例》《中国共产党党内法规和规范性文件备案审查规定》，并制定了《中国共产党党内法规执行责任制规定（试行）》，对党内法规的制定、执行做出了全面规范。

当前，在党内法规体系建设方面，有规可依的任务已经基本完成，各位阶、各领域、各层面、各环节的党内法规制度建设有序展开，形成了以党章为根本、若干配套党内法规为支撑的党内法规制度体系。截至2018年8月底，现行有效的党内法规约 4200 部,其中规则、规定、办法、细则超过 4100 部。[①] 但是,也应当注意到,党内法规的系统性、整体性、协调性还不够,需要按照党中央对新形势下党内法规建设的顶层设计和系统安排,加快构建完善的党内法规体系,进一步提高党内法规制定质量。

按照《法治中国建设规划(2020—2025 年)》的部署,未来五年的党内法规体系建设,主要有以下几方面的任务。

第一,进一步健全党内法规体系。"纪在法前,纪严于法",党内法规建立的纪律制度体系是对党员的更高要求,党纪对党员的要求比国法对公民的要求标准更高。因此,党内法规体系建设对于质量的要求也更高,提高党内法规体系建设的质量具有重要意义。在此方面,未来五年将坚持和加强党的全面领导,坚持党要管党、全面从严治党,以党章为根本,以民主集中制为核心,不断完善党的组织法规、党的领导法规、党的自身建设法规、党的监督保障法规,构建起内容科学、程序严密、配套完备、运行有效的党内法规体系。在党内法规的制定方面,不仅仅是制定新的法规,而是将坚持立改废释并举,与时俱进做好党内法规制定修订工作,完善清理工作机制,加大解释力度,提高党内法规质量。与此同时,为了提高党内法规质量,还将健全党内法规备案审查制度,坚持有件必备、有备必审、有错必纠,维护党内法规体系统一性和权威性。在党内法规体系建设过程中,还将注重党内法规同国家法律的衔接和协调,形成国家法律和党内法规相辅

[①] 宋功德:《全方位推进党内法规制度体系建设》,《人民日报》2018 年 9 月 27 日,第 7 版。

相成、相互促进、相互保障的格局。

第二，抓好党内法规实施。法规制度的生命力在于执行，束之高阁会造成制度浪费，形同虚设会损害党的权威。实践中造成党内法规执行不力的原因主要有以下几个方面。一是法规质量不行。一些制度规定不切实际、扎不下根，先天不足、质量不过关，自然难以付诸实施。二是依规办事的激励不足。在一些地方和部门，守规不守规结果没什么差别，法规执行得好与差结果差别不大，尚未形成遵规守纪的浓厚氛围，导致"劣币驱逐良币"问题，不少党内法规制度空间被潜规则挤占。三是示范引领不够。一些领导干部不带头尊规学规守规用规，要求别人不做的自己却做了，要求别人做到的自己却做不到，上行下效，法规实施难免落空。四是"破窗效应"。一些党组织和党员干部以为法不责众，习惯随大流，结果踩了红线、破了底线、碰上了高压线。五是毅力不够。①

针对党内法规执行中存在的问题，未来五年，我党将把提高党内法规执行力摆在更加突出位置，把抓"关键少数"和管"绝大多数"统一起来，以各级领导机关和党员领导干部带头尊规学规守规用规，带动全党遵规守纪。同时，将加强党内法规的学习教育，把重要党内法规列为党委（党组）理论学习中心组学习的重要内容，列为党校（行政学院）、干部学院重要教学内容，列入法治宣传教育规划重要任务。将加大党内法规公开力度，提高

---

① 宋功德：《坚定不移推进依规治党》，《机关党建研究》2019 年第 1 期。

党内法规的普及度和知晓率。在加强党内法规执行方面，还将落实党内法规执行责任制，做到有规必执、执规必严；开展党内法规实施评估工作，推动党内法规实施；强化监督检查和追责问责，将党内法规执行情况作为各级党委督促检查、巡视巡察重要内容，严肃查处违反党内法规的各种行为。

第三，强化党内法规制度建设保障。为了提高党内法规体系质量，未来将加强党内法规专门工作队伍建设，突出政治标准，加强专业化建设，充实各级党内法规工作机构人员力量。理论研究是实践的基础，党内法规方面的理论研究某种程度上决定了党内法规实践的水平，为此，未来五年将加快补齐党内法规理论研究方面短板，重点建设一批党内法规研究高端智库和研究教育基地，推动形成一批高质量研究成果，引领和聚集一批党内法规研究人才。此外，还将健全后备人才培养机制，继续推进在部分高校开展党内法规研究方向的研究生教育，加强学科建设，为党内法规事业持续发展提供人才支撑。

第四节　国家安全法治体系建设的任务

在实现2035年远景目标的过程中，必须高度重视依法保障"一国两制"实践、巩固和深化两岸关系和平发展，运用法治思维和法治方式处理好国际经济、政治、社会事务，深入推进依法治军从严治军，更好维护和实现我国和平发展的战略目标，这也是全面依法治国的重要内容。

　　第一，依法保障"一国两制"实践和推进祖国统一。按照《法治中国建设规划（2020—2025年）》的部署，未来将坚持宪法的最高法律地位和最高法律效力，坚定不移并全面准确贯彻"一国两制"、"港人治港"、"澳人治澳"、高度自治的方针，坚持依法治港治澳，维护宪法和基本法确定的特别行政区宪制秩序，把维护中央对特别行政区全面管治权和保障特别行政区高度自治权有机统一起来，完善特别行政区同宪法和基本法实施相关的制度和机制。支持特别行政区行政长官和政府依法施政、积极作为，履行维护国家主权、安全、发展利益的宪制责任。健全落实特别行政区维护国家安全的法律制度和执行机制，确保"一国两制"行稳致远。防范和反对外部势力干预香港、澳门事务，保持香港、澳门长期繁荣稳定。

　　未来将继续探索"一国两制"台湾方案，推进祖国和平统一进程。推动两岸就和平发展达成制度性安排，完善促进两岸交流合作、深化两岸融合发展、保障台湾同胞福祉的制度安排和政策措施。支持两岸法学法律界交流交往。运用法治方式捍卫一个中国原则、坚决反对"台独"，坚定维护国家主权、安全、发展利益。

　　依法保护港澳同胞、台湾同胞权益。全面推进内地同香港、澳门互利合作，完善便利香港、澳门居民在内地发展的政策措施。加强内地同香港和澳门、大陆同台湾的执法合作和司法协助，共同打击跨境违法犯罪活动。

第二,加强涉外法治工作。涉外法治工作是全面依法治国的重要组成部分,也是统筹国内国际两个大局在法治领域的具体体现。按照习近平法治思想中"坚持统筹推进国内法治和涉外法治"的思想,未来的全面依法治国必须加强涉外法治工作。未来的涉外法治工作应当适应高水平对外开放工作需要,完善涉外法律和规则体系,补齐短板,提高涉外工作法治化水平。

当前,国际规则发展进程加速,在外太空、网络、大数据、人工智能等新领域,一些国家试图提出符合本国利益的国际规则方案。针对这种情况,我国应当承担起世界大国的应有责任,提出契合国际法治和中国实际、为国际社会所普遍接受的建设性方案,增强中国在国际法发展中的话语权和影响力。未来我国将积极参与国际规则制定,推动形成公正合理的国际规则体系。在这个方面,主要有以下重要举措:加快推进我国法域外适用的法律体系建设;围绕促进共建"一带一路"国际合作,推进国际商事法庭建设与完善;推动我国仲裁机构与共建"一带一路"国家仲裁机构合作建立联合仲裁机制;强化涉外法律服务,维护我国公民、法人在海外及外国公民、法人在我国的正当权益;建立涉外工作法务制度;引导对外经贸合作企业加强合规管理,提高法律风险防范意识;建立健全域外法律查明机制;推进对外法治宣传,讲好中国法治故事;加强国际法研究和运用等。

在加强多双边法治对话,推进对外法治交流方面,主要有以下重要举措:深化国际司法交流合作;完善我国司法协助体制机制,推进引渡、遣返犯罪嫌疑人和被判刑人移管等司法协助领域国际合作；积极参与执法安全国际合作，共同打击暴力恐怖势力、民族分裂势力、宗教极端势力和贩毒走私、跨国有组织犯罪；加强反腐败国际合作，加大海外追逃追赃、遣返引渡力度。

应当说，党的十八大以来，依靠加强涉外法治工作的助力，我国在加强反腐败国际合作、追逃追赃方面取得了重大成绩。2014年，我国推动亚太经合组织领导人非正式会议通过《北京反腐败宣言》。2016年，我国推动二十国集团领导人杭州峰会通过《二十国集团反腐败追逃追赃高级原则》，在华设立二十国集团反腐败追逃追赃研究中心。2019年10月，国家监察委员会首次与联合国签署合作备忘录。数据显示，2014年至2020年6月，我国共从120多个国家和地区追回外逃人员7831人，包括党员和国家工作人员2075人、"红通人员"348人、"百名红通人员"60人，追回赃款196.54亿元。[1]在2015年4月，中国公布的"百名红通人员"名单中，截至2020年11月，尚未归案的还有40名，其中徐进、刘芳、刘昌明、石阳等20人藏匿在美国。[2]在统筹推进国内法治和涉外法治的新阶段，反腐败国际合作和海外追逃追赃方面必将取得新的突破，海外将不再是腐败分子的天堂。

第三，深入推进依法治军从严治军。一支没有纪律的军队，只能是乌合之众。人民军队要凝聚铁的意志、锤炼铁的作风、锻

---

[1] 李鹃：《加强国际合作携手打击腐败》，《中国纪检监察报》2020年11月25日，第3版。
[2] 《尚未归案的40名"百名红通人员"中仍有20人藏匿在美国 美国沦为腐败分子避风港》，见 http://www.xinhuanet.com/legal/2020-11/10/c_1126720584.htm。

造铁的队伍,一个重要前提就是有铁的军纪军规。"军无法不立,法无严不威。""厉行法治、严肃军纪,是治军带兵的铁律,也是建设强大军队的基本规律。"坚持依法治军、从严治军,是古今中外经武治军的基本经验。在这个领域,我国未来将深入贯彻习近平强军思想,坚持党对人民军队绝对领导,全面深入贯彻军委主席负责制,围绕实现党在新时代的强军目标,加快构建完善的中国特色军事法治体系,推动治军方式根本性转变。

首先,加快推进改革急需、备战急用、官兵急盼重点立法项目。主要举措有:有力有序推进军事政策制度改革;完善军事立法计划管理制度;健全军事规范性文件审查和备案制度;完善军事法规制度定期清理机制;推动军事法制信息化建设,推进法规制度建设集成化、军事法规法典化。主要目标是:2020年年底前,完成国防和军队建设各系统各领域主干法规制度改革,构建起中国特色社会主义军事法规制度体系基本框架;到2022年,健全各领域配套法规制度,构建起比较完备的中国特色社会主义军事法规制度体系。

其次,我国将明确军事法规执行责任和程序,落实执法责任制。在这个领域,主要有以下重大举措:强化官兵法治信仰和法治思维,深化法治军营创建活动;持续实施军事法治理论研究工程,组织编写全军统一的军事法治理论教材;加强军事法治国际交流,积极参与国际军事规则创制;综合运用党内监督、层级监督、专门监督等方式,构建常态化规范化军事法治监督体系。

最后,构建依法治军组织领导体系,成立军委依法治军组织领导机构及其办事机构。重大举措有：健全军事法制工作体制，建立和调整完善专门的军事法制工作机构；建立军事法律顾问制度；健全党领导军队政法工作机制，强化军委政法委功能作用；完善军事司法制度。

附录1

《法治中国建设规划（2020—2025年）》

法治是人类文明进步的重要标志，是治国理政的基本方式，是中国共产党和中国人民的不懈追求。法治兴则国兴，法治强则国强。为统筹推进法治中国建设各项工作，制定本规划。

一、坚定不移走中国特色社会主义法治道路，奋力建设良法善治的法治中国

党的十八大以来，以习近平同志为核心的党中央从坚持和发展中国特色社会主义的全局和战略高度定位法治、布局法治、厉行法治，将全面依法治国纳入"四个全面"战略布局，加强党对全面依法治国的集中统一领导，全面推进科学立法、严格执法、公正司法、全民守法，形成了习近平法治思想，开创了全面依法治国新局面，为在新的起点上建设法治中国奠定了坚实基础。

当今世界正经历百年未有之大变局，我国正处于实现中华民族伟大复兴关键时期，改革发展稳定任务艰巨繁重，全面对外开放深入推进，人民群众在民主、法治、公平、正义、安全、环境等方面的要求日益增长，需要更好发挥法治固根本、稳预期、利

长远的保障作用。在统揽伟大斗争、伟大工程、伟大事业、伟大梦想，全面建设社会主义现代化国家新征程上，必须把全面依法治国摆在全局性、战略性、基础性、保障性位置，向着全面建成法治中国不断前进。

（一）指导思想

高举中国特色社会主义伟大旗帜，坚持以马克思列宁主义、毛泽东思想、邓小平理论、"三个代表"重要思想、科学发展观、习近平新时代中国特色社会主义思想为指导，全面贯彻党的十九大和十九届二中、三中、四中、五中全会精神，全面贯彻习近平法治思想，增强"四个意识"、坚定"四个自信"、做到"两个维护"，坚持党的领导、人民当家作主、依法治国有机统一，坚定不移走中国特色社会主义法治道路，培育和践行社会主义核心价值观，以解决法治领域突出问题为着力点，建设中国特色社会主义法治体系，建设社会主义法治国家，在法治轨道上推进国家治理体系和治理能力现代化，提高党依法治国、依法执政能力，为全面建设社会主义现代化国家、实现中华民族伟大复兴的中国梦提供有力法治保障。

（二）主要原则

——坚持党的集中统一领导。牢牢把握党的领导是社会主义法治最根本的保证，坚持党领导立法、保证执法、支持司法、带头守法，充分发挥党总揽全局、协调各方的领导核心作用，确保法治中国建设的正确方向。

——坚持贯彻中国特色社会主义法治理论。深入贯彻习近平法治思想，系统总结运用新时代中国特色社会主义法治建设的鲜活经验，不断推进理论和实践创新发展。

——坚持以人民为中心。坚持法治建设为了人民、依靠人民，促进人的全面发展，努力让人民群众在每一项法律制度、每一个执法决定、每一宗司法案件中都感受到公平正义，加强人权法治保障，非因法定事由、非经法定程序不得限制、剥夺公民、法人和其他组织的财产和权利。

——坚持统筹推进。坚持依法治国、依法执政、依法行政共同推进，坚持法治国家、法治政府、法治社会一体建设，坚持依法治国和以德治国相结合，坚持依法治国和依规治党有机统一，全面推进科学立法、严格执法、公正司法、全民守法。

——坚持问题导向和目标导向。聚焦党中央关注、人民群众反映强烈的突出问题和法治建设薄弱环节，着眼推进国家治理体系和治理能力现代化，固根基、扬优势、补短板、强弱项，切实增强法治中国建设的时代性、针对性、实效性。

——坚持从中国实际出发。立足我国基本国情，统筹考虑经济社会发展状况、法治建设总体进程、人民群众需求变化等综合因素，汲取中华法律文化精华，借鉴国外法治有益经验，循序渐进、久久为功，确保各项制度设计行得通、真管用。

（三）总体目标

建设法治中国，应当实现法律规范科学完备统一，执法司法公正高效权威，权力运行受到有效制约监督，人民合法权益得到充分尊重保障，法治信仰普遍确立，法治国家、法治政府、法治社会全面建成。

到 2025 年，党领导全面依法治国体制机制更加健全，以宪法为核心的中国特色社会主义法律体系更加完备，职责明确、依法行政的政府治理体系日益健全，相互配合、相互制约的司法权运行机制更加科学有效，法治社会建设取得重大进展，党内法规体系更加完善，中国特色社会主义法治体系初步形成。

到 2035 年，法治国家、法治政府、法治社会基本建成，中国特色社会主义法治体系基本形成，人民平等参与、平等发展权利得到充分保障，国家治理体系和治理能力现代化基本实现。

二、全面贯彻实施宪法，坚定维护宪法尊严和权威

建设法治中国，必须高度重视宪法在治国理政中的重要地位和作用，坚持依宪治国、依宪执政，把全面贯彻实施宪法作为首要任务，健全保证宪法全面实施的体制机制，将宪法实施和监督提高到新水平。

（四）坚持把宪法作为根本活动准则。全国各族人民、一切国家机关和武装力量、各政党和各社会团体、各企业事业组织，都负有维护宪法尊严、保证宪法实施的职责，都不得有超越宪法法律的特权。坚持宪法法律至上，维护国家法制统一、尊严、权威，一切法律法规规章规范性文件都不得同宪法相抵触，一切违反宪法法律的行为都必须予以追究。党带头尊崇和执行宪法，把党领导人民制定和实施宪法法律同党坚持在宪法法律范围内活动统一起来，保障宪法法律的有效实施。

（五）加强宪法实施和监督。全国人大及其常委会要切实担负起宪法监督职责，加强宪法实施和监督，并将其作为全国人大常委会年度工作报告的重要事项。全国人大及其常委会通过的法律和作出的决定决议，应当确保符合宪法规定、宪法精神。推进合宪性审查工作，健全合宪性审查制度，明确合宪性审查的原则、内容、程序。建立健全涉及宪法问题的事先审查和咨询制度，有关方面拟出台的行政法规、军事法规、监察法规、地方性法规、经济特区法规、自治条例和单行条例、部门规章、地方政府规章、司法解释以及其他规范性文件和重要政策、重大举措，凡涉及宪法有关规定如何理解、实施、适用问题的，都应当依照有关规定向全国人大常委会书面提出合宪性审查请求。在备案审查工作中，应当注重审查是否存在不符合宪法规定和宪法精神的内容。加强宪法解释工作，落实宪法解释程序机制，回应涉及宪法有关问题的关切。

（六）推进宪法学习宣传教育。在全社会深入开展尊崇宪法、学习宪法、遵守宪法、维护宪法、运用宪法的宪法学习宣传教育活动，普及宪法知识，弘扬宪法精神。抓住领导干部这个"关键少数"，把宪法法律学习列为党委（党组）理论学习中心组学习的重要内容，纳入党和国家工作人员培训教育体系。全面落实宪法宣誓制度。加强青少年宪法法律教育，增强青少年的规则意识、法治观念。在"五四宪法"历史资料陈列馆基础上建设国家宪法宣传教育馆。加强宪法理论研究和教材编写、修订、使用，凝练我国宪法的时代特色和实践特色，形成中国特色社会主义宪法理论和宪法话语体系。

三、建设完备的法律规范体系，以良法促进发展、保障善治

建设法治中国，必须加强和改进立法工作，深入推进科学立法、民主立法、依法立法，不断提高立法质量和效率，以高质量立法保障高质量发展、推动全面深化改革、维护社会大局稳定。

（七）完善立法工作格局。加强党对立法工作的领导，完善党委领导、人大主导、政府依托、各方参与的立法工作格局。党中央领导全国立法工作、研究决定国家立法工作中的重大问题，有立法权地方的党委按照党中央大政方针领导本地区立法工作。

完善人大主导立法工作的体制机制。加强人大对立法工作的组织协调，发挥人大及其常委会的审议把关作用。健全全国人大相关专门委员会、全国人大常委会工作机构牵头起草重要法律草案机制。更好发挥人大代表在起草和修改法律法规中的作用，人民代表大会会议一般都应当安排审议法律法规案。研究完善人大常委会会议制度，探索增加人大常委会审议法律法规案的会次安排。充分发挥人大常委会组成人员在立法中的作用，逐步提高人大常委会专职委员特别是有法治实践经验的专职委员比例。

注重发挥政府在立法工作中的重要作用。做好有关法律、地方性法规草案的起草工作，加强政府部门间立法协调。严格按照法定权限和程序制定行政法规、规章，保证行政法规、规章质量。

拓宽社会各方有序参与立法的途径和方式。加强立法协商，充分发挥政协委员、民主党派、工商联、无党派人士、人民团体、

社会组织在立法协商中的作用。

（八）坚持立改废释并举。加强重点领域、新兴领域、涉外领域立法。推动贯彻新发展理念、构建新发展格局，加快完善深化供给侧结构性改革、促进创新驱动发展、防范化解金融风险等急需的法律法规。加强对权力运行的制约和监督，健全规范共同行政行为的法律法规，研究制定行政程序法。围绕加强社会主义文化建设，完善发展文化事业和文化产业、保护知识产权等方面的法律法规。加强保障和改善民生、创新社会治理方面的法律制度建设，为推进教育现代化、实施健康中国战略、维护社会治安等提供有力保障。加强疫情防控相关立法和配套制度建设，完善有关处罚程序，强化公共安全保障，构建系统完备、科学规范、运行有效的突发公共卫生事件应对法律体系。加强同民法典相关联、相配套的法律制度建设。加强国家安全领域立法。健全军民融合发展法律制度。加强信息技术领域立法，及时跟进研究数字经济、互联网金融、人工智能、大数据、云计算等相关法律制度，抓紧补齐短板。加强区域协调发展法律制度建设。制定和修改法律法规要着力解决违法成本过低、处罚力度不足问题。统筹解决食品药品、生态环境、安全生产等领域法律法规存在的该硬不硬、该严不严、该重不重问题。

针对法律规定之间不一致、不协调、不适应问题，及时组织清理。对某一领域有多部法律的，条件成熟时进行法典编纂。加强立法的协同配套工作，实行法律草案与配套规定同步研究、同步起草，增强法律规范整体功效。加强立法评估论证工作。加强法律法规解释工作。建设全国统一的法律、法规、规章、行政规范性文件、司法解释和党内法规信息平台。

坚持立法和改革相衔接相促进，做到重大改革于法有据，充分发挥立法的引领和推动作用。对改革急需、立法条件成熟的，抓紧出台；对立法条件还不成熟、需要先行先试的，依法及时作出授权决定或者改革决定。授权决定或者改革决定涉及的改革举措，实践证明可行的，及时按照程序制定修改相关法律法规。

完善弘扬社会主义核心价值观的法律政策体系，把社会主义核心价值观要求融入法治建设和社会治理。

加强京津冀协同发展、长江经济带发展、粤港澳大湾区建设、长三角一体化发展、黄河流域生态保护和高质量发展、推进海南全面深化改革开放等国家重大发展战略的法治保障。

（九）健全立法工作机制。健全立法立项、起草、论证、协调、审议机制，提高立法的针对性、及时性、系统性、可操作性。健全立法规划计划编制制度，充分发挥立法规划计划的统筹引领作用。健全立法征求意见机制，扩大公众参与的覆盖面和代表性，增强立法透明度。对与企业生产经营密切相关的立法项目，充分听取有关企业和行业协会商会意见。健全立法征求公众意见采纳反馈机制，对相对集中的意见未予采纳的，应当进行说明。充分利用大数据分析，为立法中的重大事项提供统计分析和决策依据。对立法涉及的重大利益调整事项加强论证咨询，推进对争议较大的重要立法事项引入第三方评估工作。建立健全重要立法争议事项协调机制，防止立法项目久拖不决。完善立法技术规范，加强立法指引。

（十）加强地方立法工作。有立法权的地方应当紧密结合本地发展需要和实际，突出地方特色和针对性、实效性，创造性做好地方立法工作。健全地方立法工作机制，提高立法质量，确保不与上位法相抵触，切实避免越权立法、重复立法、盲目立法。建立健全区域协同立法工作机制，加强全国人大常委会对跨区域地方立法的统一指导。2025年年底前，完成对全国地方立法工作人员的轮训。

四、建设高效的法治实施体系，深入推进严格执法、公正司法、全民守法

建设法治中国，必须深入推进严格执法、公正司法、全民守法，健全社会公平正义法治保障制度，织密法治之网，强化法治之力，不断增强人民群众的获得感、幸福感、安全感。

（十一）构建职责明确、依法行政的政府治理体系。各级政府必须坚持依法行政，恪守法定职责必须为、法无授权不可为，把政府活动全面纳入法治轨道。

依法全面履行政府职能，着力厘清政府和市场、政府和社会的关系，更加注重用法律和制度遏制不当干预经济活动的行为。深入推进简政放权，持续整治变相设置行政许可事项的违法违规行为。大力推行清单制度并实行动态管理，编制完成并公布中央层面设定的行政许可事项清单、备案管理事项清单，国务院部门权责清单于2022年上半年前编制完成并公布。

严格落实重大行政决策程序制度，切实防止违法决策、不当决策、拖延决策。充分发挥法律顾问、公职律师在重大行政决策中的作用。建立健全重大行政决策跟踪反馈和评估制度。全面推行行政规范性文件合法性审核机制，凡涉及公民、法人或其他组织权利和义务的行政规范性文件均应经过合法性审核。

深化行政执法体制改革，统筹配置行政执法职能和执法资源，最大限度减少不必要的行政执法事项。进一步整合行政执法队伍，继续探索实行跨领域跨部门综合执法。推动执法重心向市县两级政府下移，加大执法人员、经费、资源、装备等向基层倾斜力度。健全事前事中事后监管有效衔接、信息互联互通共享、协同配合工作机制。完善行政执法权限协调机制。健全行政执法和刑事司法衔接机制，全面推进"两法衔接"信息平台建设和应用。完善行政强制执行体制机制。建立健全军地联合执法机制。

坚持严格规范公正文明执法，全面推行行政执法公示制度、执法全过程记录制度、重大执法决定法制审核制度。加大食品药品、公共卫生、生态环境、安全生产、劳动保障、野生动物保护等关系群众切身利益的重点领域执法力度。推进统一的行政执法人员资格和证件管理、行政执法文书基本标准、行政执法综合管理监督信息系统建设。全面推行行政裁量权基准制度，规范执法自由裁量权。改进和创新执法方式，加强行政指导、行政奖励、行政和解等非强制行政手段的运用。建立行政执法案例指导制度。建立健全行政执法风险防控机制。严格执行突发事件应对有关法律法规，依法实施应急处置措施，全面提高依法应对突发事件能力和水平。

加强和创新事中事后监管，推进"双随机、一公开"跨部门联合监管，强化重点领域重点监管，探索信用监管、大数据监管、包容审慎监管等新型监管方式，努力形成全覆盖、零容忍、更透明、重实效、保安全的事中事后监管体系。持续开展"减证便民"行动，推行证明事项告知承诺制。

持续营造法治化营商环境，实施统一的市场准入负面清单制度，清理破除隐性准入壁垒，普遍落实"非禁即入"。全面清理、废止对非公有制经济的各种形式不合理规定，坚决纠正滥用行政权力排除、限制竞争行为。全面清理违法违规的涉企收费、检查、摊派事项和评比达标表彰活动。加强政务诚信建设，重点治理政府失信行为，加大惩处和曝光力度。实行知识产权侵权惩罚性赔偿制度，激励和保护科技创新。

加快推进"互联网+政务服务"，政务服务重点领域和高频事项基本实现"一网、一门、一次"。2022年年底前建成全国一体化政务服务平台，除法律法规另有规定或涉及国家秘密等外，政务服务事项全部纳入平台办理，全面实现"一网通办"。

（十二）建设公正高效权威的中国特色社会主义司法制度。紧紧抓住影响司法公正、制约司法能力的深层次问题，坚持符合国情和遵循司法规律相结合，坚持和加强党对司法工作的绝对领导。健全公安机关、检察机关、审判机关、司法行政机关各司其职、侦查权、检察权、审判权、执行权相互配合、相互制约的体制机制。深化司法体制综合配套改革，全面落实司法责任制。

明确四级法院职能定位，充分发挥审级监督功能。完善民事再审程序，探索将具有普遍法律适用指导意义、关乎社会公共利益的案件交由较高层级法院审理。完善最高人民法院巡回法庭工作机制，健全综合配套措施。完善知识产权、金融、海事等专门法院建设，加强互联网法院建设。深化与行政区划适当分离的司法管辖制度改革。健全未成年人司法保护体系。

坚持"让审理者裁判、由裁判者负责"，依法赋权独任庭、合议庭。健全重大、疑难、复杂案件由院庭长直接审理机制。坚持"谁办案谁负责、谁决定谁负责"，落实检察官办案主体地位。健全担任领导职务的检察官直接办案制度。加强办案团队建设，推动司法人员专业化分工、类案专业化办理。健全专业法官会议、检察官联席会议制度，切实发挥为办案组织提供法律咨询的功能。加强和完善指导性案例制度，确保法律适用统一。

深化以审判为中心的刑事诉讼制度改革。健全侦查机关调查收集证据制度，规范补充侦查、不起诉、撤回起诉制度。完善庭前会议、非法证据排除制度，规范法庭调查和庭审量刑程序，落实证人、鉴定人、侦查人员出庭作证制度，完善技术侦查证据的法庭调查和使用规则。完善认罪认罚从宽制度，落实宽严相济刑事政策。改革刑事申诉制度，对不服司法机关生效裁判和决定的申诉，逐步实行由律师代理制度。健全落实法律援助值班律师制度，实现刑事案件律师辩护、法律帮助全覆盖。健全有关工作机制，依法从严从快惩处妨碍突发事件应对的违法犯罪行为。

完善民事诉讼制度体系。探索扩大小额诉讼程序适用范围，完善其与简易程序、普通程序的转换适用机制。探索扩大独任制适用范围。优化司法确认程序适用。改革诉讼收费制度。全面建设集约高效、多元解纷、便民利民、智慧精准、开放互动、交融共享的现代化诉讼服务体系。加快推进跨域立案诉讼服务改革，2022年年底前实现诉讼服务就近能办、同城通办、异地可办。

深化执行体制改革，加强执行难综合治理、源头治理。深入推进审执分离，优化执行权配置，落实统一管理、统一指挥、统一协调的执行工作机制。完善刑罚执行制度，统一刑罚执行体制。深化监狱体制机制改革，实行罪犯分类、监狱分级制度。完善社区矫正制度。完善监狱、看守所与社区矫正和安置帮教机构之间的工作对接机制。

（十三）深入推进全民守法。全面依法治国需要全社会共同参与，必须大力弘扬社会主义法治精神，建设社会主义法治文化，引导全体人民做社会主义法治的忠实崇尚者、自觉遵守者、坚定捍卫者。

改进创新普法工作，加大全民普法力度，增强全民法治观念。建立健全立法工作宣传报道常态化机制，对立法热点问题主动发声、解疑释惑。全面落实"谁执法谁普法"普法责任制。深入开展法官、检察官、行政复议人员、行政执法人员、律师等以案释法活动。加强突发事件应对法治宣传教育和法律服务。

广泛推动人民群众参与社会治理，打造共建共治共享的社会治理格局。完善群众参与基层社会治理的制度化渠道。加快推进市域社会治理现代化。健全社会治理规范体系。发挥工会、共青团、妇联等群团组织引领联系群众参与社会治理的作用。加快推进社会信用立法，完善失信惩戒机制。规范失信惩戒对象名单制度，依法依规明确制定依据、适用范围、惩治标准和救济机制，在加强失信惩戒的同时保护公民、企业合法权益。加强对产权的执法司法保护，健全涉产权错案甄别纠正机制。完善对暴力袭警行为的刑事责任追究制度。加大对暴力伤害医务人员犯罪行为打击力度。

紧紧围绕人民日益增长的美好生活需要加强公共法律服务，加快整合律师、公证、调解、仲裁、法律援助、司法鉴定等公共法律服务资源，到2022年基本形成覆盖城乡、便捷高效、均等普惠的现代公共法律服务体系。构建公共法律服务评价指标体系，以群众满意度来检验公共法律服务工作成效。推动建设一支高素质涉外法律服务队伍、建设一批高水平涉外法律服务机构。

积极引导人民群众依法维权和化解矛盾纠纷，坚持和发展新时代"枫桥经验"。充分发挥人民调解的第一道防线作用，完善人民调解、行政调解、司法调解联动工作体系。全面开展律师调解工作。完善调解、信访、仲裁、行政裁决、行政复议、诉讼等社会矛盾纠纷多元预防调处化解综合机制，整合基层矛盾纠纷化解资源和力量，充分发挥非诉纠纷解决机制作用。深化法律援助制度改革，扩大法律援助覆盖面。有序推进行政裁决工作，探索扩大行政裁决适用范围。

五、建设严密的法治监督体系，切实加强对立法、执法、司法工作的监督

建设法治中国，必须抓紧完善权力运行制约和监督机制，规范立法、执法、司法机关权力行使，构建党统一领导、全面覆盖、权威高效的法治监督体系。

（十四）推进对法治工作的全面监督。加强党对法治监督工作的集中统一领导，把法治监督作为党和国家监督体系的重要内容，保证行政权、监察权、审判权、检察权得到依法正确行使，保证公民、法人和其他组织合法权益得到切实保障。加强国家机关监督、民主监督、群众监督和舆论监督，形成法治监督合力，发挥整体监督效能。推进执纪执法贯通、有效衔接司法。完善人民监督员制度。坚持以公开为常态、不公开为例外，全面推进立法公开、执法公开、司法公开，逐步扩大公开范围，提升公开服务水平，主动接受新闻媒体舆论监督和社会监督。党委政法委应当指导、推动政法单位建立健全与执法司法权运行机制相适应的制约监督体系，构建权责清晰的执法司法责任体系，健全政治督察、综治督导、执法监督、纪律作风督查巡查等制度机制。

（十五）加强立法监督工作。建立健全立法监督工作机制，完善监督程序。推进法律法规规章起草征求人大代表、政协委员意见工作。依法处理国家机关和社会团体、企业事业组织、公民对法规规章等书面提出的审查要求或者审查建议。

加强备案审查制度和能力建设，实现有件必备、有备必审、有错必纠。完善备案审查程序，明确审查范围、标准和纠正措施。

强化对地方各级政府和县级以上政府部门行政规范性文件、地方各级监察委员会监察规范性文件的备案审查。加强对司法解释的备案监督。将地方法院、检察院制定的规范性文件纳入本级人大常委会备案审查范围。加快建立全国统一的备案审查信息平台。建立健全党委、人大常委会、政府、军队等之间的备案审查衔接联动机制。建立健全备案审查工作年度报告制度。

（十六）加强对执法工作监督。加强省市县乡四级全覆盖的行政执法协调监督工作体系建设，强化全方位、全流程监督，提高执法质量。加大对执法不作为、乱作为、选择性执法、逐利执法等有关责任人的追责力度，落实行政执法责任制和责任追究制度。完善行政执法投诉举报和处理机制。

加强和改进行政复议工作，强化行政复议监督功能，加大对违法和不当行政行为的纠错力度。推进行政复议体制改革，整合行政复议职责，畅通行政复议渠道，2022年前基本形成公正权威、统一高效的行政复议工作体制。健全行政复议案件审理机制，加强行政复议规范化、专业化、信息化建设。规范和加强行政应诉工作。

（十七）加强对司法活动监督。健全对法官、检察官办案的制约和监督制度，促进司法公正。全面推行法官、检察官办案责任制，统一规范法官、检察官办案权限。加强审判权、检察权运行监督管理，明确法院院长、庭长和检察院检察长、业务部门负责人监督管理权力和责任，健全审判人员、检察人员权责清单。完善对担任领导职务的法官、检察官办案情况的考核监督机制，配套建立内部公示、定期通报机制。健全落实司法机关内部人员过问案件记录追责、规范司法人员与律师和当事人等接触交往行为的制度。构建科学合理的司法责任认定和追究制度。完善司法人员惩戒制度，明确惩戒情形和程序。

完善民事、行政检察监督和检察公益诉讼案件办理机制。健全对最高人民法院巡回法庭、知识产权法院、金融法院、互联网法院等的法律监督机制。拓展公益诉讼案件范围，完善公益诉讼法律制度，探索建立民事公益诉讼惩罚性赔偿制度。完善检察建议制度。

完善刑事立案监督和侦查监督工作机制。健全刑事案件统一审核、统一出口工作机制，规范证据审查判断与运用。健全侦查机关办理重大案件听取检察机关意见建议制度。完善对查封、扣押、冻结等侦查措施的监督机制。健全刑事申诉案件受理、移送、复查机制。推动在市县公安机关建设执法办案管理中心。

加强人权司法保障。建立重大案件侦查终结前对讯问合法性进行核查制度。健全讯问犯罪嫌疑人、听取辩护人意见工作机制。建立对监狱、看守所的巡回检察制度。完善看守所管理制度。完善有效防范和及时发现、纠正冤假错案工作机制。健全辩护人、诉讼代理人行使诉讼权利保障机制。

六、建设有力的法治保障体系，筑牢法治中国建设的坚实后盾

建设法治中国，必须加强政治、组织、队伍、人才、科技、信息等保障，为全面依法治国提供重要支撑。

（十八）加强政治和组织保障。各级党委（党组）和领导干部要支持立法、执法、司法机关开展工作，支持司法机关依法独立公正行使职权。党的各级组织部门等要发挥职能作用，保障推进法治中国建设。中央和省级党政部门要明确负责本部门法治工作的机构。各级立法、执法、司法机关党组（党委）要加强领导、履职尽责，机关基层党组织和党员要充分发挥战斗堡垒和先锋模范作用，保障宪法法律实施。严格执行《领导干部干预司法活动、插手具体案件处理的记录、通报和责任追究规定》。

（十九）加强队伍和人才保障。牢牢把握忠于党、忠于国家、忠于人民、忠于法律的总要求，大力提高法治工作队伍思想政治素质、业务工作能力、职业道德水准，努力建设一支德才兼备的高素质法治工作队伍。

建设革命化、正规化、专业化、职业化的法治专门队伍。坚持把政治标准放在首位，加强科学理论武装，深入开展理想信念教育。完善法律职业准入、资格管理制度，建立法律职业人员统一职前培训制度和在职法官、检察官、警官、律师同堂培训制度。完善从符合条件的律师、法学专家中招录立法工作者、法官、检察官、行政复议人员制度。加强立法工作队伍建设。建立健全立法、执法、司法部门干部和人才常态化交流机制，加大法治专门队伍与其他部门具备条件的干部和人才交流力度。加强边疆地区、民族地区和基层法治专门队伍建设。健全法官、检察官员额管理制度，规范遴选标准、程序。加强执法司法辅助人员队伍建设。建立健全符合职业特点的法治工作人员管理制度，完善职业

附录1 《法治中国建设规划（2020—2025年）》

保障体系。健全执法司法人员依法履职免责、履行职务受侵害保障救济、不实举报澄清等制度。加强法治专门队伍教育培训。

加快发展律师、公证、司法鉴定、仲裁、调解等法律服务队伍。健全职业道德准则、执业行为规范，完善职业道德评价机制。把拥护中国共产党领导、拥护我国社会主义法治作为法律服务人员从业的基本要求。坚持和加强党对律师工作的领导，推动律师行业党的建设。完善律师执业权利保障制度机制。健全法官、检察官、律师等法律职业人员惩戒机制，建立律师不良执业信息记录披露和查询制度。发展公职律师、公司律师和党政机关、企事业单位、村（居）法律顾问队伍。

构建凸显时代特征、体现中国特色的法治人才培养体系。坚持以习近平新时代中国特色社会主义思想为指导，坚持立德树人、德法兼修，解决好为谁教、教什么、教给谁、怎样教的问题。推动以马克思主义为指导的法学学科体系、学术体系、教材体系、话语体系建设。深化高等法学教育改革，优化法学课程体系，强化法学实践教学，培养信念坚定、德法兼修、明法笃行的高素质法治人才。推进教师队伍法治教育培训。加强法学专业教师队伍建设。完善高等学校涉外法学专业学科设置。加大涉外法治人才培养力度，创新涉外法治人才培养模式。建立健全法学教育、法学研究工作者和法治实践工作者之间双向交流机制。

（二十）加强科技和信息化保障。充分运用大数据、云计算、人工智能等现代科技手段，全面建设"智慧法治"，推进法治中国建设的数据化、网络化、智能化。优化整合法治领域各类信息、数据、网络平台，推进全国法治信息化工程建设。加快公共法律服务实体平台、热线平台、网络平台有机融合，建设覆盖全业务、全时空的公共法律服务网络。

七、建设完善的党内法规体系，坚定不移推进依规治党

建设法治中国，必须坚持依法治国和依规治党有机统一，加快形成覆盖党的领导和党的建设各方面的党内法规体系，增强党依法执政本领，提高管党治党水平，确保党始终成为中国特色社会主义事业的坚强领导核心。

（二十一）健全党内法规体系。坚持和加强党的全面领导，坚持党要管党、全面从严治党，以党章为根本，以民主集中制为核心，不断完善党的组织法规、党的领导法规、党的自身建设法规、党的监督保障法规，构建内容科学、程序严密、配套完备、运行有效的党内法规体系。坚持立改废释并举，与时俱进做好党内法规制定修订工作，完善清理工作机制，加大解释力度，提高党内法规质量。健全党内法规备案审查制度，坚持有件必备、有备必审、有错必纠，维护党内法规体系统一性和权威性。注重党内法规同国家法律的衔接和协调，努力形成国家法律和党内法规相辅相成、相互促进、相互保障的格局。

（二十二）抓好党内法规实施。把提高党内法规执行力摆在更加突出位置，把抓"关键少数"和管"绝大多数"统一起来，以各级领导机关和党员领导干部带头尊规学规守规用规，带动全党遵规守纪。加强学习教育，把重要党内法规列为党委（党组）

理论学习中心组学习的重要内容，列为党校（行政学院）、干部学院重要教学内容，列入法治宣传教育规划重要任务。加大党内法规公开力度，提高党内法规的普及度和知晓率。落实党内法规执行责任制，做到有规必执、执规必严。开展党内法规实施评估工作，推动党内法规实施。强化监督检查和追责问责，将党内法规执行情况作为各级党委督促检查、巡视巡察重要内容，严肃查处违反党内法规的各种行为。

（二十三）强化党内法规制度建设保障。加强党内法规专门工作队伍建设，突出政治标准，加强专业化建设，充实各级党内法规工作机构人员力量。加快补齐党内法规理论研究方面短板，重点建设一批党内法规研究高端智库和研究教育基地，推动形成一批高质量研究成果，引领和聚集一批党内法规研究人才。健全后备人才培养机制，继续推进在部分高校开展党内法规研究方向的研究生教育，加强学科建设，为党内法规事业持续发展提供人才支撑。

八、紧紧围绕新时代党和国家工作大局，依法维护国家主权、安全、发展利益

建设法治中国，必须高度重视依法保障"一国两制"实践、巩固和深化两岸关系和平发展，运用法治思维和法治方式处理好国际经济、政治、社会事务，深入推进依法治军从严治军，更好维护和实现我国和平发展的战略目标。

（二十四）依法保障"一国两制"实践和推进祖国统一。坚持宪法的最高法律地位和最高法律效力，坚定不移并全面准确贯彻"一国两制"、"港人治港"、"澳人治澳"、高度自治的方针，坚持依法治港治澳，维护宪法和基本法确定的特别行政区宪制秩序，把维护中央对特别行政区全面管治权和保障特别行政区高度自治权有机统一起来，完善特别行政区同宪法和基本法实施相关的制度和机制。支持特别行政区行政长官和政府依法施政、积极作为，履行维护国家主权、安全、发展利益的宪制责任。健全落实特别行政区维护国家安全的法律制度和执行机制，确保"一国两制"行稳致远。防范和反对外部势力干预香港、澳门事务，保持香港、澳门长期繁荣稳定。

探索"一国两制"台湾方案，推进祖国和平统一进程。推动两岸就和平发展达成制度性安排，完善促进两岸交流合作、深化两岸融合发展、保障台湾同胞福祉的制度安排和政策措施。支持两岸法学法律界交流交往。运用法治方式捍卫一个中国原则、坚决反对"台独"，坚定维护国家主权、安全、发展利益。

依法保护港澳同胞、台湾同胞权益。全面推进内地同香港、澳门互利合作，完善便利香港、澳门居民在内地发展的政策措施。加强内地同香港和澳门、大陆同台湾的执法合作和司法协助，共同打击跨境违法犯罪活动。

（二十五）加强涉外法治工作。适应高水平对外开放工作需要，完善涉外法律和规则体系，补齐短板，提高涉外工作法治化水平。

积极参与国际规则制定，推动形成公正合理的国际规则体系。加快推进我国法域外适用的法律体系建设。围绕促进共建"一带一路"国际合作，推进国际商事法庭建设与完善。推动我国仲裁机构与共建"一带一路"国家仲裁机构合作建立联合仲裁机制。强化涉外法律服务，维护我国公民、法人在海外及外国公民、法人在我国的正当权益。建立涉外工作法务制度。引导对外经贸合作企业加强合规管理，提高法律风险防范意识。建立健全域外法律查明机制。推进对外法治宣传，讲好中国法治故事。加强国际法研究和运用。

加强多双边法治对话，推进对外法治交流。深化国际司法交流合作。完善我国司法协助体制机制，推进引渡、遣返犯罪嫌疑人和被判刑人移管等司法协助领域国际合作。积极参与执法安全国际合作，共同打击暴力恐怖势力、民族分裂势力、宗教极端势力和贩毒走私、跨国有组织犯罪。加强反腐败国际合作，加大海外追逃追赃、遣返引渡力度。

（二十六）深入推进依法治军从严治军。深入贯彻习近平强军思想，坚持党对人民军队绝对领导，全面深入贯彻军委主席负责制，围绕实现党在新时代的强军目标，加快构建完善的中国特色军事法治体系，推动治军方式根本性转变。

加快推进改革急需、备战急用、官兵急盼重点立法项目。有力有序推进军事政策制度改革。完善军事立法计划管理制度。健全军事规范性文件审查和备案制度。完善军事法规制度定期清理机制。推动军事法制信息化建设，推进法规制度建设集成化、军事法规法典化。2020年年底前，完成国防和军队建设各系统各领域主干法规制度改革，构建起中国特色社会主义军事法规制度体系基本框架；到 2022 年，健全各领域配套法规制度，构建起比较完备的中国特色社会主义军事法规制度体系。

明确军事法规执行责任和程序，落实执法责任制。强化官兵法治信仰和法治思维，深化法治军营创建活动。持续实施军事法治理论研究工程，组织编写全军统一的军事法治理论教材。加强军事法治国际交流，积极参与国际军事规则创制。综合运用党内监督、层级监督、专门监督等方式，构建常态化规范化军事法治监督体系。

构建依法治军组织领导体系，成立军委依法治军组织领导机构及其办事机构。健全军事法制工作体制，建立和调整完善专门的军事法制工作机构。建立军事法律顾问制度。健全党领导军队政法工作机制，强化军委政法委功能作用。完善军事司法制度。

九、加强党对法治中国建设的集中统一领导，充分发挥党总揽全局、协调各方的领导核心作用

建设法治中国，必须始终把党的领导作为社会主义法治最根本的保证，把加强党的领导贯彻落实到全面依法治国全过程和各方面。

（二十七）深入学习宣传贯彻习近平法治思想。习近平法治思想是全面依法治国的根本遵循和行动指南。要加强部署安排，持续推动广大干部群众深入学习贯彻习近平法治思想，深刻领会蕴含其中的马克思主义立场观点方法，全面准确把握精神实质、

丰富内涵和核心要义，增强学习贯彻的自觉性和坚定性。各级党委（党组）理论学习中心组要将习近平法治思想作为重点内容，党校（行政学院）和干部学院要作为重点课程。各地区各部门要组织党员、干部进行系统学习和培训。法治工作部门要开展全战线、全覆盖的培训轮训。要把习近平法治思想融入学校教育，纳入高校法治理论教学体系，做好进教材、进课堂、进头脑工作。要开展深入研究和宣传，拓展学习宣传的广度深度。运用新媒体新技术，加强网上宣讲。

（二十八）推进依法执政。健全党的全面领导制度。推进党的领导入法入规，着力实现党的领导制度化、法治化。完善党领导人大、政府、政协、监察机关、审判机关、检察机关、武装力量、人民团体、企事业单位、基层群众自治组织、社会组织等制度。将坚持党的全面领导的要求载入国家机构组织法，载入政协、民主党派、工商联、人民团体、国有企业、高等学校、有关社会组织等的章程。完善党委依法决策机制，健全议事规则和决策程序。

建立领导干部应知应会法律法规清单制度，推动领导干部做尊法学法守法用法的模范。把法治素养和依法履职情况纳入考核评价干部的重要内容。各级领导干部要全面提高运用法治思维和法治方式深化改革、推动发展、化解矛盾、维护稳定、应对风险能力，绝不允许以言代法、以权压法、逐利违法、徇私枉法。

（二十九）加强中国特色社会主义法治理论研究，加快中国特色社会主义法治体系建设。立足我国国情和实际，加强对社会主义法治建设的理论研究，尽快构建体现我国社会主义性质，具有鲜明中国特色、实践特色、时代特色的法治理论体系和话语体系。坚持和发展我国法律制度建设的显著优势，深入研究和总结我国法律制度体系建设的成功经验，推进中国特色社会主义法治体系创新发展。挖掘和传承中华优秀传统法律文化，研究、总结和提炼党领导人民推进法治建设实践和理论成果。组织和推动高等学校、科研院所以及法学专家学者加强中国特色社会主义法治理论研究，为建设法治中国提供学理支撑。

（三十）加强党对全面依法治国的统一领导、统一部署、统筹协调。健全党领导立法、保证执法、支持司法、带头守法的制度机制。党政主要负责人要切实履行推进法治建设第一责任人职责，将履行推进法治建设第一责任人职责情况列入年终述职内容。各级党委要将法治建设与经济社会发展同部署、同推进、同督促、同考核、同奖惩。研究制定法治建设指标体系和考核标准。加强对重大法治问题的法治督察。

中央全面依法治国委员会做好法治中国建设的顶层设计、总体布局、统筹协调、整体推进、督促落实，实现集中领导、高效决策、统一部署。地方各级党委法治建设议事协调机构要加强对本地区法治建设的牵头抓总、运筹谋划、督促落实等工作。

各地区各部门要全面准确贯彻落实本规划精神和要求，结合实际制定实施方案，明确分工、压实责任，狠抓落实、务求实效，力戒形式主义、官僚主义。中央依法治国办要强化统筹协调，加强督办、推进落实，确保规划各项任务措施落到实处。

附录2

《法治社会建设实施纲要（2020—2025年）》

法治社会是构筑法治国家的基础，法治社会建设是实现国家治理体系和治理能力现代化的重要组成部分。建设信仰法治、公平正义、保障权利、守法诚信、充满活力、和谐有序的社会主义法治社会，是增强人民群众获得感、幸福感、安全感的重要举措。党的十九大把法治社会基本建成确立为到2035年基本实现社会主义现代化的重要目标之一，意义重大，影响深远，任务艰巨。为加快推进法治社会建设，制定本纲要。

一、总体要求

（一）指导思想。高举中国特色社会主义伟大旗帜，坚持以马克思列宁主义、毛泽东思想、邓小平理论、"三个代表"重要思想、科学发展观、习近平新时代中国特色社会主义思想为指导，全面贯彻党的十九大和十九届二中、三中、四中、五中全会精神，全面贯彻习近平法治思想，增强"四个意识"、坚定"四个自信"、做到"两个维护"，坚定不移走中国特色社会主义法治道路，坚持法治国家、法治政府、法治社会一体建设，培育和践行社会主义核心价值观，弘扬社会主义法治精神，建设社会主义法治文化，增强全社会厉行法治的积极性和主动性，推动全社会尊法学法守法用法，健全社会公平正义法治保障制度，保障人民权利，提高社会治理法治化水平，为全面建设社会主义现代化国家、实现中华民族伟大复兴的中国梦筑牢坚实法治基础。

（二）主要原则。坚持党的集中统一领导；坚持以中国特色社会主义法治理论为指导；坚持以人民为中心；坚持尊重和维护宪法法律权威；坚持法律面前人人平等；坚持权利与义务相统一；坚持法治、德治、自治相结合；坚持社会治理共建共治共享。

（三）总体目标。到2025年，"八五"普法规划实施完成，法治观念深入人心，社会领域制度规范更加健全，社会主义核心价值观要求融入法治建设和社会治理成效显著，公民、法人和其他组织合法权益得到切实保障，社会治理法治化水平显著提高，形成符合国情、体现时代特征、人民群众满意的法治社会建设生动局面，为2035年基本建成法治社会奠定坚实基础。

二、推动全社会增强法治观念

全民守法是法治社会的基础工程。树立宪法法律至上、法律面前人人平等的法治理念，培育全社会法治信仰，增强法治宣传教育针对性和实效性，引导全体人民做社会主义法治的忠实崇尚者、自觉遵守者、坚定捍卫者，使法治成为社会共识和基本原则。

（四）维护宪法权威。深入宣传宪法，弘扬宪法精神，增强宪法意识，推动形成尊崇宪法、学习宪法、遵守宪法、维护宪法、运用宪法的社会氛围。切实加强对国家工作人员特别是各级领导干部的宪法教育，组织推动国家工作人员原原本本学习宪法文本。全面落实宪法宣誓制度，国家工作人员就职时应当依照法律规定进行宪法宣誓。持续开展全国学生"学宪法讲宪法"活动。推动"12·4"国家宪法日和"宪法宣传周"集中宣传活动制度化，实现宪法宣传教育常态化。

（五）增强全民法治观念。深入学习宣传习近平法治思想，深入宣传以宪法为核心的中国特色社会主义法律体系，广泛宣传与经济社会发展和人民群众利益密切相关的法律法规，使人民群众自觉尊崇、信仰和遵守法律。广泛开展民法典普法工作，让民法典走到群众身边、走进群众心里。积极组织疫病防治、野生动物保护、公共卫生安全等方面法律法规和相关知识的宣传教育活动。引导全社会尊重司法裁判，维护司法权威。充分发挥领导干部带头尊法学法守法用法对全社会的示范带动作用，进一步落实国家工作人员学法用法制度，健全日常学法制度，强化法治培训，完善考核评估机制，不断增强国家工作人员特别是各级领导干部依法办事的意识和能力。加强青少年法治教育，全面落实《青少年法治教育大纲》，把法治教育纳入国民教育体系。加强对教师的法治教育培训，配齐配强法治课教师、法治辅导员队伍，完善法治副校长制度，健全青少年参与法治实践机制。引导企业树立合规意识，切实增强企业管理者和职工的法治观念。加强对社会热点案（事）件的法治解读评论，传播法治正能量。运用新媒体新技术普法，推进"智慧普法"平台建设。研究制定法治宣传教育法。

（六）健全普法责任制。坚持法治宣传教育与法治实践相结合。认真落实"谁执法谁普法"普法责任制，2020年年底前基本实现国家机关普法责任制清单全覆盖，把案（事）件依法处理的过程变成普法公开课。完善法官、检察官、行政复议人员、行政执法人员、律师等以案释法制度，注重加强对诉讼参与人、行政相对人、利害关系人等的法律法规和政策宣讲。引导社会各方面广泛参与立法，把立法过程变为宣传法律法规的过程。创新运用多种形式，加强对新出台法律法规规章的解读。充分发挥法律服务队伍在普法宣传教育中的重要作用，为人民群众提供专业、精准、高效的法治宣传。健全媒体公益普法制度，引导报社、电台、电视台、网站、融媒体中心等媒体自觉履行普法责任。培育壮大普法志愿者队伍，形成人民群众广泛参与普法活动的实践格局。

（七）建设社会主义法治文化。弘扬社会主义法治精神，传播法治理念，恪守法治原则，注重对法治理念、法治思维的培育，充分发挥法治文化的引领、熏陶作用，形成守法光荣、违法可耻的社会氛围。丰富法治文化产品，培育法治文化精品，扩大法治文化的覆盖面和影响力。利用重大纪念日、传统节日等契机开展群众性法治文化活动，组织各地青年普法志愿者、法治文艺团体开展法治文化基层行活动，推动法治文化深入人心。大力加强法治文化阵地建设，有效促进法治文化与传统文化、红色文化、地方文化、行业文化、企业文化融合发展。2020年年底前制定加强社会主义法治文化建设的意见。

三、健全社会领域制度规范

加快建立健全社会领域法律制度，完善多层次多领域社会规范，强化道德规范建设，深入推进诚信建设制度化，以良法促进社会建设、保障社会善治。

（八）完善社会重要领域立法。完善教育、劳动就业、收入分配、社会保障、医疗卫生、食品药品、安全生产、道路交通、扶贫、慈善、社会救助等领域和退役军人、妇女、未成年人、老年人、残疾人正当权益保护等方面的法律法规，不断保障和改善民生。完善疫情防控相关立法，全面加强公共卫生领域相关法律法规建设。健全社会组织、城乡社区、社会工作等方面的法律制度，进一步加强和创新社会治理。完善弘扬社会主义核心价值观的法律政策体系，加强见义勇为、尊崇英烈、志愿服务、孝老爱亲等方面立法。

（九）促进社会规范建设。充分发挥社会规范在协调社会关系、约束社会行为、维护社会秩序等方面的积极作用。加强居民公约、村规民约、行业规章、社会组织章程等社会规范建设，推动社会成员自我约束、自我管理、自我规范。深化行风建设，规范行业行为。加强对社会规范制订和实施情况的监督，制订自律性社会规范的示范文本，使社会规范制订和实施符合法治原则和精神。

（十）加强道德规范建设。坚持依法治国和以德治国相结合，把法律规范和道德规范结合起来，以道德滋养法治精神。倡导助人为乐、见义勇为、诚实守信、敬业奉献、孝老爱亲等美德善行,完善激励机制,褒奖善行义举,形成好人好报、德者有得的正向效应。推进社会公德、职业道德建设,深入开展家庭美德和个人品德教育,增强法治的道德底蕴。强化道德规范的教育、评价、监督等功能,努力形成良好的社会风尚和社会秩序。深入开展道德领域突出问题专项教育和治理,依法惩处公德失范的违法行为。大力倡导科学健康文明的生活方式,革除滥食野生动物陋习,增强公民公共卫生安全和疫病防治意识。依法规范捐赠、受赠行为。注重把符合社会主义核心价值观要求的基本道德规范转化为法律规范,用法律的权威来增强人们培育和践行社会主义核心价值观的自觉性。

(十一)推进社会诚信建设。加快推进社会信用体系建设,提高全社会诚信意识和信用水平。完善企业社会责任法律制度,增强企业社会责任意识,促进企业诚实守信、合法经营。健全公民和组织守法信用记录,建立以公民身份证号码和组织机构代码为基础的统一社会信用代码制度。完善诚信建设长效机制,健全覆盖全社会的征信体系,建立完善失信惩戒制度。结合实际建立信用修复机制和异议制度,鼓励和引导失信主体主动纠正违法失信行为。加强行业协会商会诚信建设,完善诚信管理和诚信自律机制。完善全国信用信息共享平台和国家企业信用信息公示系统,进一步强化和规范信用信息归集共享。加强诚信理念宣传教育,组织诚信主题实践活动,为社会信用体系建设创造良好环境。推动出台信用方面的法律。

四、加强权利保护

切实保障公民基本权利，有效维护各类社会主体合法权益。坚持权利与义务相统一，社会主体要履行法定义务和承担社会责任。

（十二）健全公众参与重大公共决策机制。制定与人民生产生活和现实利益密切相关的经济社会政策和出台重大改革措施，要充分体现公平正义和社会责任，畅通公众参与重大公共决策的渠道，采取多种形式广泛听取群众意见，切实保障公民、法人和其他组织合法权益。没有法律和行政法规依据，不得设定减损公民、法人和其他组织权利或者增加其义务的规范。落实法律顾问、公职律师在重大公共决策中发挥积极作用的制度机制。健全企业、职工、行业协会商会等参与涉企法律法规及政策制定机制，依法平等保护企业、职工合法权益。

（十三）保障行政执法中当事人合法权益。规范执法行为，完善执法程序，改进执法方式，尊重和维护人民群众合法权益。建立人民群众监督评价机制，促进食品药品、公共卫生、生态环境、安全生产、劳动保障、野生动物保护等关系群众切身利益的重点领域执法力度和执法效果不断提高。建立健全产权保护统筹协调工作机制，持续加强政务诚信和营商环境建设，将产权保护列为专项治理、信用示范、城市创建、营商环境建设的重要内容。推进政府信息公开，涉及公民、法人或其他组织权利和义务的行政规范性文件、行政许可决定、行政处罚决定、行政强制决定、行政征收决定等，依法予以公开。

（十四）加强人权司法保障。加强对公民合法权益的司法保护。加大涉民生案件查办力度，通过具体案件办理，保障人民群众合法权益。探索建立消费者权益保护集体诉讼制度。完善律师制度。强化诉讼参与人诉讼权利制度保障。加强对非法取证行为的源头预防，严格执行非法证据排除规则，建立健全案件纠错机制，有效防范和纠正冤假错案。健全执行工作长效机制，依法保障胜诉当事人及时实现合法权益。加强检察机关对民事、行政、刑事诉讼活动的法律监督，维护司法公正。在司法调解、司法听证等司法活动中保障人民群众参与。落实人民陪审员制度，完善人民监督员制度。推动大数据、人工智能等科技创新成果同司法工作深度融合，完善"互联网+诉讼"模式，加强诉讼服务设施建设，全面建设集约高效、多元解纷、便民利民、智慧精准、开放互动、交融共享的现代化诉讼服务体系。

（十五）为群众提供便捷高效的公共法律服务。到2022年，基本形成覆盖城乡、便捷高效、均等普惠的现代公共法律服务体系，保证人民群众获得及时有效的法律帮助。加强对欠发达地区专业法律服务人才和社会工作者、志愿者的政策扶持，大力推广运用远程网络等法律服务模式，促进城市优质法律服务资源向农村辐射，有效缓解法律服务专业力量不足问题。健全公民权利救济渠道和方式，完善法律援助制度和国家司法救助制度，制定出台法律援助法，保障困难群体、特殊群众的基本公共法律服务权益。加快律师、公证、仲裁、司法鉴定等行业改革发展，完善公共法律服务管理体制和工作机制，推进公共法律服务标准化、规范化、精准化，有效满足人民群众日益增长的高品质、多元化法律服务需求。健全村（居）法律顾问制度，充分发挥村（居）法律顾问作用。加强公共法律服务实体、热线、网络三大平台建设，推动公共法律服务与科技创新手段深度融合，尽快建成覆盖全业务、全时空的公共法律服务网络。

（十六）引导社会主体履行法定义务承担社会责任。公民、法人和其他组织享有宪法和法律规定的权利，同时必须履行宪法和法律规定的义务。强化规则意识，倡导契约精神，维护公序良俗，引导公民理性表达诉求，自觉履行法定义务、社会责任、家庭责任。引导和推动企业和其他组织履行法定义务、承担社会责任，促进社会健康有序运行。强化政策引领作用，为企业更好履行社会责任营造良好环境，推动企业与社会建立良好的互助互信关系。支持社会组织建立社会责任标准体系，引导社会资源向积极履行社会责任的社会组织倾斜。

五、推进社会治理法治化

全面提升社会治理法治化水平，依法维护社会秩序、解决社会问题、协调利益关系、推动社会事业发展，培育全社会办事依法、遇事找法、解决问题用法、化解矛盾靠法的法治环境，促进社会充满活力又和谐有序。

（十七）完善社会治理体制机制。完善党委领导、政府负责、民主协商、社会协同、公众参与、法治保障、科技支撑的社会治理体系，打造共建共治共享的社会治理格局。健全地方党委在本地区发挥总揽全局、协调各方领导作用的机制，完善政府社会治理考核问责机制。引领和推动社会力量参与社会治理，建设人人有责、人人尽责、人人享有的社会治理共同体，确保社会治理过程人民参与、成效人民评判、成果人民共享。加强社会治理制度建设，推进社会治理制度化、规范化、程序化。

（十八）推进多层次多领域依法治理。推进市域治理创新，依法加快市级层面实名登记、社会信用管理、产权保护等配套制度建设，开展市域社会治理现代化试点，使法治成为市域经济社会发展的核心竞争力。深化城乡社区依法治理，在党组织领导下实现政府治理和社会调节、居民自治良性互动。区县职能部门、乡镇政府（街道办事处）按照减负赋能原则，制定和落实在社区治理方面的权责清单。健全村级议事协商制度，鼓励农村开展村民说事、民情恳谈等活动。实施村级事务阳光工程，完善党务、村务、财务"三公开"制度，梳理村级事务公开清单，推广村级事务"阳光公开"监管平台。开展法治乡村创建活动。加强基层群众性自治组织规范化建设，修改城市居民委员会组织法和村民委员会组织法。全面推进基层单位依法治理，企业、学校等基层单位普遍完善业务和管理活动各项规章制度，建立运用法治方式解决问题的平台和机制。广泛开展行业依法治理，推进业务标准程序完善、合法合规审查到位、防范化解风险及时和法律监督有效的法治化治理方式。依法妥善处置涉及民族、宗教等因素的社会问题，促进民族关系、宗教关系和谐。

（十九）发挥人民团体和社会组织在法治社会建设中的作用。人民团体要在党的领导下，教育和组织团体成员和所联系群众依照宪法和法律的规定，通过各种途径和形式参与管理国家事务，管理经济文化事业，管理社会事务。促进社会组织健康有序发展，推进社会组织明确权责、依法自治、发挥作用。坚持党对社会组织的领导，加强社会组织党的建设，确保社会组织发展的正确政治方向。加大培育社会组织力度，重点培育、优先发展行业协会商会类、科技类、公益慈善类、城乡社区服务类社会组织。推动和支持志愿服务组织发展，开展志愿服务标准化建设。发挥行业协会商会自律功能，探索建立行业自律组织。发挥社区社会组织在创新基层社会治理中的积极作用。完善政府购买公共服务机制，促进社会组织在提供公共服务中发挥更大作用。

（二十）增强社会安全感。加快对社会安全体系的整体设计和战略规划，贯彻落实加快推进社会治理现代化开创平安中国建设新局面的意见。完善平安中国建设协调机制、责任分担机制，健全平安建设指标体系和考核标准。2020年年底前制定"互联网+公共安全"行动计划。推动扫黑除恶常态化，依法严厉打击和惩治暴力伤害医务人员、破坏野生动物资源、暴力恐怖、黄赌毒黑拐骗、高科技犯罪、网络犯罪等违法犯罪活动，遏制和预防严重犯罪行为的发生。强化突发事件应急体系建设，提升疫情防控、防灾减灾救灾能力。依法强化危害食品药品安全、影响生产安全、破坏交通安全等重点问题治理。健全社会心理服务体系和疏导机制、危机干预机制，建立健全基层社会心理服务工作站，发展心理工作者、社会工作者等社会心理服务人才队伍，加强对贫困人口、精神障碍患者、留守儿童、妇女、老年人等的人文关怀、精神慰藉和心理健康服务。健全执法司法机关与社会心理服务机构的工作衔接，加强对执法司法所涉人群的心理疏导。推进"青少年维权岗"、"青少年零犯罪零受害社区（村）"创建，强化预防青少年犯罪工作的基层基础。

（二十一）依法有效化解社会矛盾纠纷。坚持和发展新时代"枫桥经验"，畅通和规范群众诉求表达、利益协调、权益保障通道，加强矛盾排查和风险研判，完善社会矛盾纠纷多元预防调处化解综合机制，努力将矛盾纠纷化解在基层。全面落实诉讼与信访分离制度，深入推进依法分类处理信访诉求。充分发挥人民调解的第一道防线作用，完善人民调解、行政调解、司法调解联动工作体系。充分发挥律师在调解中的作用，建立健全律师调解经费保障机制。县（市、区、旗）探索在矛盾纠纷多发领域建立"一站式"纠纷解决机制。加强农村土地承包经营纠纷调解仲裁、劳动人事争议调解仲裁工作。加强行政复议、行政调解、行政裁决工作，发挥行政机关化解纠纷的"分流阀"作用。推动仲裁委员会积极参与基层社会纠纷解决，支持仲裁融入基层社会治理。

六、依法治理网络空间

网络空间不是法外之地。推动社会治理从现实社会向网络空间覆盖，建立健全网络综合治理体系，加强依法管网、依法办网、依法上网，全面推进网络空间法治化，营造清朗的网络空间。

（二十二）完善网络法律制度。通过立改废释并举等方式，推动现有法律法规延伸适用到网络空间。完善网络信息服务方面的法律法规，修订互联网信息服务管理办法，研究制定互联网信息服务严重失信主体信用信息管理办法，制定完善对网络直播、自媒体、知识社区问答等新媒体业态和算法推荐、深度伪造等新技术应用的规范管理办法。完善网络安全法配套规定和标准体系，建立健全关键信息基础设施安全保护、数据安全管理和网络安全审查等网络安全管理制度，加强对大数据、云计算和人工智能等新技术研发应用的规范引导。研究制定个人信息保护法。健全互联网技术、商业模式、大数据等创新成果的知识产权保护方面的法律法规。修订预防未成年人犯罪法，制定未成年人网络保护条例。完善跨境电商制度，规范跨境电子商务经营者行为。积极参与数字经济、电子商务、信息技术、网络安全等领域国际规则和标准制定。

（二十三）培育良好的网络法治意识。坚持依法治网和以德润网相结合，弘扬时代主旋律和社会正能量。加强和创新互联网内容建设，实施社会主义核心价值观、中华文化新媒体传播等工程。提升网络媒介素养，推动互联网信息服务领域严重失信"黑名单"制度和惩戒机制，推动网络诚信制度化建设。坚决依法打击谣言、淫秽、暴力、迷信、邪教等有害信息在网络空间传播蔓延，建立健全互联网违法和不良信息举报一体化受理处置体系。加强全社会网络法治和网络素养教育，制定网络素养教育指南。加强青少年网络安全教育，引导青少年理性上网。深入实施中国好网民工程和网络公益工程，引导网民文明上网、理性表达，营造风清气正的网络环境。

（二十四）保障公民依法安全用网。牢固树立正确的网络安全观，依法防范网络安全风险。落实网络安全责任制，明确管理部门和网信企业的网络安全责任。建立完善统一高效的网络安全风险报告机制、研判处置机制，健全网络安全检查制度。加强对网络空间通信秘密、商业秘密、个人隐私以及名誉权、财产权等合法权益的保护。严格规范收集使用用户身份、通信内容等个人信息行为，加大对非法获取、泄露、出售、提供公民个人信息的违法犯罪行为的惩处力度。督促网信企业落实主体责任，履行法律规定的安全管理责任。健全网络与信息突发安全事件应急机制，完善网络安全和信息化执法联动机制。加强网络违法犯罪监控和查处能力建设，依法查处网络金融犯罪、网络诽谤、网络诈骗、网络色情、攻击窃密等违法犯罪行为。建立健全信息共享机制，积极参与国际打击互联网违法犯罪活动。

七、加强组织保障

坚持党对法治社会建设的集中统一领导，凝聚全社会力量，扎实有序推进法治社会建设。

（二十五）强化组织领导。党的领导是全面推进依法治国、加快建设社会主义法治国家最根本的保证。地方各级党委要落实推进本地区法治社会建设的领导责任，推动解决法治社会建设过程中的重点难点问题。地方各级政府要在党委统一领导下，将法治社会建设摆在重要位置，纳入经济社会发展总体规划，落实好法治社会建设各项任务。充分发挥基层党组织在法治社会建设中的战斗堡垒作用。

（二十六）加强统筹协调。坚持法治社会与法治国家、法治政府建设相协调，坚持法治社会建设与新时代经济社会发展、人民日益增长的美好生活需要相适应。地方各级党委法治建设议事协调机构要加强对本地区法治社会建设统筹谋划，形成上下协调、部门联动的工作机制。充分调动全社会各方力量采取多种形式参与法治社会建设，进一步发挥公民、企事业单位、人民团体、社会组织等在推进法治社会建设中的积极作用，形成法治社会建设最大合力。

（二十七）健全责任落实和考核评价机制。建立健全对法治社会建设的督促落实机制，确保党中央关于法治社会建设各项决策部署落到实处。充分发挥考核评价对法治社会建设的重要推动作用，制定法治社会建设评价指标体系。健全群众满意度测评制度，将群众满意度作为检验法治社会建设工作成效的重要指标。

（二十八）加强理论研究和舆论引导。加强中国特色社会主义法治理论与实践研究，为法治社会建设提供学理支撑和智力支持。充分发挥高等学校、科研院所等智库作用，大力打造法治社会建设理论研究基地。加强舆论引导，充分发挥先进典型的示范带动作用，凝聚社会共识，营造全民关心、支持和参与法治社会建设的良好氛围。适时发布法治社会建设白皮书。

各地区各部门要全面贯彻本纲要精神和要求，结合实际制定落实举措。中央依法治国办要抓好督促落实，确保纲要各项任务措施落到实处。

图书在版编目（CIP）数据

全面依法治国 2025 大战略 / 高长见 著 . —北京：东方出版社，2022.09
ISBN 978-7-5207-0026-9

Ⅰ.①全… Ⅱ.①高… Ⅲ.①社会主义法治—研究—中国 Ⅳ.① D920.0

中国版本图书馆 CIP 数据核字（2022）第 146381 号

全面依法治国 2025 大战略
（QUANMIAN YIFA ZHIGUO 2025 DA ZHANLÜE）

作　　者：高长见
责任编辑：王学彦　李子昂
出　　版：东方出版社
发　　行：人民东方出版传媒有限公司
地　　址：北京市东城区朝阳门内大街 166 号
邮　　编：100010
印　　刷：北京汇瑞嘉合文化发展有限公司
版　　次：2022 年 9 月第 1 版
印　　次：2022 年 9 月第 1 次印刷
开　　本：880 毫米 ×1230 毫米　1/32
印　　张：9
字　　数：184 千字
书　　号：ISBN 978-7-5207-0026-9
定　　价：49.00 元
发行电话：（010）85924663　85924644　85924641

版权所有，违者必究

如有印装质量问题，我社负责调换，请拨打电话：（010）85924602　85924603